W0308138

Grüne Kließ un Schwammebrüh

Ingeborg Delling

Grüne Kließ un Schwammebrüh

Kleines Kochbuch
der Erzgebirger und Vogtländer

Chemnitzer Verlag

© 2007 Chemnitzer Verlag
2. Auflage 2008
Layout:
Dieter Kannegießer
Gesamtherstellung:
Westermann Druck Zwickau GmbH
ISBN 978-3-937025-37-7

Inhalt

Den Erzgebirgern und Vogtländern in den Kochtopf geguckt

Wer sich hierzulande zum Essen an den Tisch setzt, kommt um die Kartoffel nicht herum. Die Großmütter brachten über die Woche sieben Mal Kartoffeln auf den Tisch, jedoch jeden Tag anders. Deshalb sangen die Kinder:

„Aardäppelsupp in dr Früh,
Aardäppeln ze Mittig in dr Brüh,
Aardäppel zen Obnd in dr Schol, –
Macht über Tog dreimol!“

Mag sein, dass die hiesige Kost mit der anderer Landschaften nicht mithalten kann. Handfeste Kost ist gefragt, landweit hoch angesehen und gelobt, wohlschmeckend und sättigend! Nicht immer unbedingt eine Kalorienbombe!
Kartoffeln, das sind jene wunderbaren Früchte, die bis in die windigen Höhenlagen auf Feldern und in den Hausgärten gedeihen. Mehlig sollen sie sein, die Kartoffeln, dann sind sie recht. „Festkochende sind etwas für die Gaststätte“, sagen die Einheimischen. Manche verspotten sie sogar und nennen sie „Schneller“ in Anlehnung an die grünen oberirdischen Früchte.
Gereicht werden die Kartoffeln als Klöße, Salz-, gebratene oder Pellkartoffeln. Letztere hierzulande „runde Aardäppeln“ oder „Schöleraardäppeln“ genannt. Gekocht, gebraten oder gebacken kommen

sie auf den Tisch. Jahr für Jahr kellerten die Familien mehrere Doppelzentner ein. Die größten Kartoffeln wurden zur Seite gelegt, die „Reiber“, gedacht für Kartoffelklöße, im Vogtland „Grügeniffte“, das „Staatsessen“ im Gebirge.
Klöße kommen an Sonn- und Feiertagen auf den Tisch, zu Rinder- oder Schweinebraten, Hammel, Gans, Kaninchen, gelegentlich, wie im Vogtland, sogar zu Karpfen, früher bei armen Leuten auch in Millichsud. Klöße an einem Wochentag zu essen, gilt nach wie vor als Frevel. Jeder Küchenchef rechnet sich zur Ehre, die besten Kartoffelklöße zu bereiten! Nähme er Kloßmehl aus der Tüte, wäre es um sein Ansehen geschehen.
Gibt es am Heiligabend das „Neunerlei“, dann dürfen Klöße nicht fehlen. Neun verschiedene Speisen kommen auf den Tisch. Wer Klöße isst, bekommt Taler ins Geldtäschel, so will es zumindest der Volksglaube wissen. Eine besondere Spezialität sind Kartoffelklöße mit einer Pilztunke, hierzulande „Schwammebrüh“ genannt. Auch in der Pfanne gebackene Klöße, wie Getzen, Klitscher, Bambes, Fratzen zu Blaubeer- oder Preiselbeerkompott, haben ihren Zuspruch. Sie alle sind Verwandte der Kartoffelpuffer. Wer von heimischer Kost spricht, denkt nicht zuletzt an das Armeleuteessen, Rauchemad genannt, ein Pfannengericht aus Kartoffeln und Mehl. Nicht zu vergessen die Bratkartoffeln, die Spälkle! Die Alten lobten die Forellen aus dem Waldbach. Sie wohlschmeckend zuzubereiten, wis-

sen die hiesigen Hausmütter und Köche wie jeher.
Zu Pellkartoffeln wird Quark gegessen, Hering in Marinade, „eimargenierter Haarig“, Blut- und Leberwurst, vielleicht auch ein Klecks Butter oder ein Schuss Leinöl, aber kaltgeschlagen muss es sein! Dabei gilt seit jeher: Leinöl zu Pellkartoffeln ist besonders gesund! Zu vielen Speisen gehört Sauerkraut! Noch heute gibt es viele Familien im Gebirge, die es sich nicht nehmen lassen, es selbst einzuschneiden, natürlich nach altem Familienrezept. Im Herbst ist dann in vielen Orten des Erzgebirges „Sauerkrautverkosten“. Es wird unter den eingereichten Proben die wohlschmeckendste ausgesucht und der Sieger ermittelt.
Was wäre die gute heimische Hausmannskost ohne die unterschiedlichen Eintöpfe. An erster Stelle stehen die Kartoffelstücke, „Spalken“ geheißen. Je nach Zugemüse weiß man von Kraut-, Möhren-, Rüben-, Rote-Rüben- und Schwammespalken. Pilze werden auf unterschiedliche Weise zubereitet. Neben „saure Schwamme“ werden sie mit Vorliebe gebraten gegessen. Getrocknet verbessern sie das Jahr über die Bratensoße.
Typisch für die Leute hierzulande ist der Stollen, der in der Weihnachtszeit gebacken und gegessen wird. Aus einem Teigrest entsteht der Kartoffelkuchen, frisch genossen, ist er eine Delikatesse. Manche Gaststätte bringt ihn täglich frisch auf den Tisch. Und wird der Kirmeskuchen gebacken, steht er neben dem Pflaumen-, Quark- und Streusel-

kuchen. Aus dem erzgebirgischen Bernsbach kommt ein speziell zubereiteter Quark, aus dem bestimmte Bäcker den weithin berühmten „Kaaskuchn“ bereiten. Beim Stichwort Käse, wissen die Kenner den „Schiebböcker“ zu rühmen, einen Magerkäse, der nach Hausrezepten bereitet, vor allem in den Ausflugsgaststätten gereicht wird. Manche Gaststätte wurde durch ihn besonders bekannt.

„Probieren geht über studieren!“ heißt ein Sprichwort. Und wer probiert, entdeckt dabei vieles, was die erzgebirgische und vogtländische Küche zu bieten hat: handfest, wohlschmeckend und sättigend!

Manfred Blechschmidt

Kalbsbraten

1 kg Kalbfleisch, 150 g Butter, 2 Zwiebeln, 1 Möhre, Pfeffer, Salz, 1 Tasse saure Sahne.

Das Fleisch waschen und mit einem Tuch abtupfen. Beidseitig mit Salz und Pfeffer bestreuen und mit der Butter, den Zwiebeln und der Möhre in einer Pfanne langsam von beiden Seiten gut braten. Mit Wasser aufgießen und langsam weich kochen. Kocht die Soße ein, etwas Wasser zugeben. Die saure Sahne zugießen und mit Mehl binden. – Zum Kalbsbraten isst man Salzkartoffeln und Rosenkohl.

Zickelbraten

1 Zickel, 200 g Butter, Salz, Pfeffer, saure Sahne. Für die Marinade: 1 Flasche dunkles Bier, Salz, Zwiebel, 1 Knoblauchzehe, ½ Lorbeerblatt.

Das Zickel einen Tag in der Marinade einlegen. Nach dem Herausnehmen gut abtupfen. In der Butter von beiden Seiten braten. Den Bratensaft mit heißem Wasser auffüllen, soviel Soße sein muss, 1 Stunde leicht kochen lassen. Mit Mehl binden. Zum Abschluss mit der Sahne abbinden. - Zum Zickelbraten isst man Grüne Klöße und Rotkraut.

Hammelkeule

1 Hammelkeule (etwa 1 kg), 100 g Schmalz, 1 Zwiebel, 1 Möhre, einige Pfefferkörner, 1 kleines Lorbeerblatt, Salz, 1/4 l saure Sahne, Mehl zum Binden, Zitronensaft nach Geschmack.

Das Fleisch enthäuten und mit Salz einreiben. In heißem Schmalz das Fleisch braten. Fast zum Ende der Bratzeit die Zwiebel, die Möhre und das Gewürz zugeben. Während des Bratens immer gut begießen. In der Backröhre fertig garen lassen. Die Soße mit saurer Sahne binden und mit Mehl sämig machen. Mit Zitronensaft abschmecken. Heiß auf den Tisch bringen. – Zur Hammelkeule isst man Kartoffel- oder Mehlklöße.

Martinsgans

1 mittelschwere Gans, 2 Äpfel, saure Sahne, Kartoffelmehl, 2 Zweige Beifuß, 1 Zwiebel, etwas Salz und Pfeffer.

Die bratfertige Gans in gemäße Portionsstücke teilen, mit Salz und Pfeffer einreiben und in eine große Pfanne legen. Mit kaltem Wasser so weit auffüllen, bis die Stücke bedeckt sind. Zwiebel, Äpfel und Beifuß zugeben und abgedeckt etwa eine Stunde kochen lassen. Danach den Deckel abnehmen, das Wasser verkochen lassen, den Beifuß, die Zwiebel und den Apfel herausnehmen. Die Stücke beidseitig braun braten. Ist das Fleisch weich, die Stücke auf eine vorgewärmte Platte legen und warmhalten. Den Bratenfond mit so viel Wasser auffüllen, wie Soße werden soll. Anschließend mit Kartoffelmehl binden und mit saure Sahne abziehen. – Zur Martinsgans isst man Rot- oder Sauerkraut und Grüne Klöße.

„Vürn Assen gibb's kenn Tanz meh",
sat dr Fuchs ze dan Gänsne.
Volksmund

Brathuhn

1 Brathuhn, 60 g Margarine, 1 Tasse Wasser, 1 Tasse saure Milch, 1 Essl. Mehl, Salz.

Das zubereitete Huhn abwaschen, abtrocknen, mit Salz einreiben. Margarine erhitzen, darüber gießen und braten. Dabei immer wieder einmal mit dem heißen Fett begießen. Sobald sich der Bratsatz dunkel färbt, ein wenig kochendes Wasser zugießen. Tritt beim Stich mit der Stricknadel in die Keule kein blutiger Saft mehr aus, ist das Huhn gar. Das Mehl mit der Milch verquirlen, zum Bratensatz gießen, aufkochen und mit Salz abschmecken. Das Huhn mit der Geflügelschere oder einem scharfen Messer in 2 Keulen- und 2 Bruststücke teilen. – Zum Brathuhn isst man Klöße und Rotkraut.

Egal wie de nooch mir ruffst,
när net ze spöt zen Mittogassen.
Volksmund

Grußemutter-Brothaandel

Großmutters Brathähnchen

2 Hähnchen, 1 kg rohe Kartoffeln, 50 g Butter, 100 g Speck, 2 Zwiebeln, Salz, Pfeffer, Paprika, Fleischbrühe, Petersilie.

Die Hähnchen waschen, abtrocknen, in heißer Butter rundum anbraten. Mit Salz, Pfeffer und Paprika würzen und weitere 10 Minuten braten. Dabei häufig umdrehen. Die in der Zwischenzeit geschälten und gewürfelten Kartoffeln zum Hähnchen geben. Anschließend den gewürfelten Speck und die gewürfelte Zwiebel zufügen. Eine halbe Tasse Fleischbrühe darüber gießen. Zugedeckt bei mittlerer Hitze 45 Minuten in der Röhre garen, dann den Deckel abnehmen und noch eine kurze Zeit zum Überbräunen im Ofen belassen. Vor dem Auftragen mit Petersilie bestreuen. – Zum Brathähnchen isst man Rotkraut.

Schweinebauch

500 g Schweinebauch, ½ l Brühe, Salz, Essig, 1 Teel. geriebener Meerrettich, 1 Lorbeerblatt, Gewürzkörner, 1 Knolle Sellerie, 4 große Möhren, 2 Stangen Porree, 3 Zwiebeln, Petersilie.

Den Schweinebauch in leichtem Essigwasser mit etwas Salz, dem Lorbeerblatt und den Gewürzkörnern weich kochen. Das gewaschene, geputzte Gemüse in feine Streifen schneiden, mit etwas Brühe weich dünsten. Das Fleisch in dicke Scheiben schneiden und auf einem Teller anrichten. Die Gemüsestreifen und etwas Brühe auf das Fleisch geben, mit Meerrettich würzen und gehackter Petersilie bestreuen. - Der Schweinebauch wird mit Salzkartoffeln und Sauerkraut gegessen.

Saukopp
Schweinskopf

Schweinskopf; Salz, Pfefferkörner, 1 Lorbeerblatt.

In einem großen Topf den Schweinskopf zusammen mit den Gewürzen weich kochen. Heiß auf den Tisch bringen. Für viele sind Backe, Schnäuzchen oder Ohr eine Delikatesse. – Saukopp isst man mit reichlich Senf und Meerrettich zu Schwarzbrot oder Salzkartoffeln. Als Zugemüse wird Sauerkraut gereicht.

Auch einen Schweinskopf trug man auf
In einer zinnern Schüssel:
Noch immer schmückt man den Schweinen bei uns
Mit Lorbeerblättern den Rüssel.

Heinrich Heine

*

Dr Meinhold-Henner war mei Tog als e starker Asser bekannt. Wie er emol in enn Wirtshaus sich enn Saukopp bestellt hatt un gerod mit Assen afange will, setzt sich e Fremmer na senn Tisch. Daar gucket e Walle of'n Henner un nort wieder of dan Saukopp, bis'r sat: „Großer Gott, Sie wollen doch den Schweinskopf nicht alleine essen?" Do sat dr Meinhold-Henner drauf: „Üm Gottes Willn, naa, dos wär e Sünd. Ich krieg noch sechs Kließ derzu!"

Aus: Seid getrost, ihr guten Leit, Berlin 2000

Wellfleisch

1 kg Schweinefleisch von der Brust, dem Hals oder dem Bauch, Salz und etwas Majoran.

Das Fleisch waschen, in kochendes Wasser geben. Darin 2 Stunden köcheln lassen. Nun erst Salz und Majoran nach Geschmack zugeben. Noch 10 Minuten mit den Gewürzen kochen.
Das leicht abgekühlte Fleisch in gleichmäßig dicke Scheiben schneiden und mit heißer Brühe übergießen. – Zu Wellfleisch isst man Sauerkraut, Brot, Salzkartoffeln oder Erbsbrei. Jeder Portion kann eine Scheibe Blut- und Leberwurst beigegeben werden. Kalt wird Wellfleisch wie Bratenfleisch gegessen.

Gulasch in Biersoße

1 kg Gulaschfleisch vom Rind, 2 Zwiebeln, 2 große Möhren, 1 Scheibe Sellerie, Salz, Pfeffer, 2 Tomaten, Fett zum Braten, 1 Flasche dunkles Bier, Pfeffer und Salz, saure Sahne.

Das Fleisch klein schneiden, im Fett kräftig anbraten. Danach die Zwiebeln, Möhren, den Sellerie und die Tomaten klein schneiden und dem Fleisch zufügen. Das Ganze nochmals gut durchbraten, mit wenig Wasser begießen, durchrühren, dann das Bier dazugeben. Nun das Fleisch weich kochen. Die Soße mit Mehl binden und mit saurer Sahne abziehen. – Zum Gulasch schmecken Kartoffelklöße oder Knödel.

Bähmischer Gulasch

250 g Rindfleisch, 250 g Schweinefleisch, 3 grob gehackte Zwiebeln, 2 Essl. Schweineschmalz, 6 Pfefferkörner, 1 Lorbeerblatt, 1 Flasche helles Bier, ½ Tasse Semmelwürfel, 3 Tassen Sauerkraut, 1 Essl. Kümmel, etwas Salz zum Abschmecken.

Das grob gewürfelte Fleisch zusammen mit den Zwiebeln scharf anbraten. Mit dem Bier ablöschen und die Gewürze zufügen. Die Semmelwürfel durch die Soße binden. Das Sauerkraut darüber legen und alles eine Stunde lang schmoren lassen. – Zum Gulasch isst man Kartoffel- oder Mehlklöße.

Hängt man Fleisch in der Luft auf, oder umgiebt man es mit Spreu, Kleye, Hirse, Sand, Asche u. dgl., so conserviert es sich ein paar Tage länger, als ohne alle Maaßregeln; noch länger, wenn man es zugleich fest in Fässer packt, und diese in den Keller bringt. Selbst mit oft erneuertem Wasser übergossen, hält es sich länger.
Conservations-Lexikon für alle Stände, 1834

Herzgulasch
Herzragout

1 kg Herz vom Schwein, Suppengrün, 1 Zwiebel, ½ Lorbeerblatt, 30 g Butter, 1 Essl. Mehl, 1 Essl. Tomatenmark, 1 Tasse Rotwein, 10 Kapern, 2 Gewürzgurken, Essig, Zucker, Salz.

Das gesäuberte Herz klein schneiden, wie Gulasch in der Butter anbraten, Zwiebel, Lorbeerblatt, Salz, Pfeffer und Suppengrün zugeben, kurz mit braten. Mit Mehl überstäuben. Nun mit Wasser oder Brühe auffüllen. Das Herz weich kochen. Die fein gewürfelte Gurke mit dem Tomatenmark, dem Rotwein, 1 Prise Zucker, Essig und Kapern nach Geschmack in die Soße geben. Gut durchrühren und nochmals abschmecken. – Zum Herzgulasch schmeckt am besten Kartoffelbrei.

Kunnerschdorfer Sunntigpfann

Kunnersdorfer Sonntagspfanne

1,5 kg festkochende Kartoffeln, 500 g Gulaschfleisch, 2 große Zwiebeln, Fett zum Anbraten, 3 Eier, Mehl, Salz und Pfeffer.

Das Fleisch würfeln, mit Fett anbraten, dazu die geschnittene Zwiebel geben, so lange erhitzen, bis sie gebräunt ist. Mit heißem Wasser ablöschen und kochen, bis das Fleisch weich ist, dann leicht mit Mehl binden. Die in der Schale gekochten Kartoffeln schälen, in Scheiben schneiden und auf den fertigen Gulasch geben. In der Backröhre backen, bis die Kartoffeln leicht braun werden. Die Eier mit Salz und Pfeffer abschmecken und quirlen. Alles über die Kartoffeln gießen und stocken lassen. – Dazu isst man Gurkensalat.

Gekochtes Rauchfleisch

500 g Rauchfleisch, 1 Zwiebel.

Das Rauchfleisch mit der Zwiebel weich kochen. Salz ist nicht erforderlich. In Scheiben geschnitten, zu Kartoffel- oder Erbsbrei auftischen.

Waar mit'n Teifel assen will,
braucht derzu enn lange Löffel.
Volksmund

Heiligobndworscht
Bratwurst zum Heiligabend

Frische Bratwürste, dunkles Bier, geriebener Soßenpfefferkuchen, Salz, 1 Prise Zucker.

Die Bratwürste in kaltem Wasser ansetzen und kurz vor dem Kochen herausnehmen, sie dürfen nicht platzen. Danach die Würste in heiß gemachter Butter so lange braten, bis sie ringsum schön braun sind. Das entstandene Fett lässt man in der Pfanne, kocht es mit dem dunklen Bier auf und bereitet mit dem geriebenen Soßenpfefferkuchen eine leicht gebundene Soße. Darin die Würste ein paar Minuten durchziehen lassen. Die Soße mit Salz und 1 Prise Zucker abschmecken. – Zur Heiligobndworscht isst man, je nach Familientradition, warmen Kartoffelsalat, Salzkartoffeln oder Kartoffelbrei.

Mer habn aah Neinerlaa gekocht,
aah Worscht mit Sauerkraut.
Mei Mutter hot sich ogerennt,
die alte gute Haut.
Aus dem Heiligobndlied

Flaaschwerschtle

Fleischwürstchen

300 g Gewiegtes vom Schwein, 1 kleine Semmel, 1 Ei, Salz, Pfeffer, 1 Prise Muskatnuss, Mehl und Schmalz zum Braten.

Das Gewiegte mit der eingeweichten und gut ausgedrückten Semmel, dem Ei und den Gewürzen nach Geschmack zu einem Teig kneten. Daraus kleine Würstchen formen, leicht in Mehl wenden und anschließend in einer Pfanne im Schmalz braten. – Die Würstchen heiß zu Kartoffelsalat oder Kartoffelbrei auftragen.

Gebrotene Laaber
Gebratene Leber

300 g Rinderleber, ½ l Milch, Mehl, 2 Zwiebeln, etwas Salz, Fett zum Braten.

Die in Scheiben geschnittene Leber etwa 2 Stunden in Milch legen, davon wird sie mürbe und beim Braten nicht hart. Aus der Milch nehmen, abtropfen lassen und in Mehl wälzen. Die Scheiben in einer Pfanne in heißem Fett auf beiden Seiten langsam braun braten. Danach die Leber leicht salzen, nicht vorher, sie wird sonst hart. In dem Bratenfett die in Ringe geschnittene Zwiebel goldgelb dünsten und auf die fertigen Leberscheiben geben. – Zur gebratenen Leber isst man Kartoffelbrei und Sauerkraut.

Gänslaaber
Gebratene Gänseleber

Gänseleber, Mehl, Pfeffer, Salz, Butter zum Braten.

Die gewaschene Gänseleber leicht in Mehl wälzen. In zerlassener Butter von beiden Seiten braten. Erst nach dem Braten würzen, sonst wird sie hart. – Gänseleber ist eine Delikatesse und wird zu Röstbrot gegessen.

Jesus sprach zu seine Jünger :
Waar kenn Löffel hot,
daar nimmt de Finger.

*

„Egal ewos Neies“ sat gener,
wie er vür'n Assen baaten sollt.

*

„Is kimmt alles of de Zubereiting a“,
sat dr Koch un hot e Kröt gespickt.

*

Mer ka alles sogn,
när net alles assen.

Volksmund

Gänseklein mit Reis

Das traditionelle Mittagessen
am Weihnachtsheiligabend.

1 Gänseklein, 1½ – 2 l Wasser, Suppengemüse, 1 Essl. Salz, 50 – 60 g Reis.

Das von der Weihnachtsgans gewonnene Klein waschen, in gesalzenem Wasser und dem Suppengemüse 2 – 2½ Stunden kochen. Die Brühe durchseihen und darin den Reis gar werden lassen. Das in Stücke geschnittene Gänseklein kommt als Einlage in die Suppe.

Eene jute jebratene Jans
is eene jute Jabe Jottes.
(Berliner Spruchweisheit)

Sonntagskarpfen

1 mittelgroßer Karpfen, 3 große Zwiebeln, 125 g Butter, etwas Salz.

Vom Karpfen Kopf und Innereien entfernen. Den Fisch entschuppen und in Stücke schneiden. Unter fließendem Wasser abspülen und auf beiden Seiten leicht mit Salz einreiben. Die Karpfenstücke und die in Ringe geschnittenen Zwiebeln abwechselnd in eine Schüssel geben und eine Nacht lang abgedeckt kühl stellen. Am nächsten Tag die Karpfenstücke in die erhitzte Butter geben und beidseitig jeweils 15 Minuten goldbraun braten. Danach warm stellen. Die Zwiebel dunkelbraun anbraten und damit den Karpfen vor dem Auftragen anrichten. - Zum Karpfen isst man Kartoffeln und Rotkraut, im Vogtland auch Grügeniffte (Kartoffelklöße).

Fische sind nicht so nahrhaft, als das Fleisch der warmblütigen Thiere. Je leichter ein Fisch sich zerreiben oder bröckeln läßt, desto leicht verdauerlicher, je mehr fett oder talgartig ist, desto schwer verdaulicher ist er. Am gesundesten sind daher Forellen, junge Hechte, Karpfen etc.

Conservations-Lexikon für alle Stände, Leipzig, 1834

Mühlhennerkarpen

Karpfen in Schwarzbiersoße

1 frisch gefangener Karpfen, 1 Flasche Schwarzbier, 1 Teel. Butter, 1 Zwiebel, 1 Lorbeerblatt, 2 Nelken, ein paar Pfefferkörner, Zitronenschale, 1 Würfelzucker, 2 Essl. Mehl, Wasser, Salz, gemahlener Pfeffer.

Den in Portionen geteilten Karpfen in eine Kasserolle legen, gleiche Teile Schwarzbier und Wasser soweit darüber gießen, dass der Fisch knapp bedeckt ist. Nun Zwiebel, Nelken, Zitronenschale, Pfefferkörner, Salz und Zucker dazugeben. Das Gericht etwa 20 Minuten leicht kochen lassen. Die danach herausgenommenen Fischstücke warm halten. Den Sud durchseien. Butter und Mehl verkneten, in den heißen Sud geben und damit binden. Nach Belieben die Flüssigkeit mit Salz und Pfeffer abschmecken. Anschließend den Karpfen in der Schwarzbiersoße anrichten. – Zum Mühlhennerkarpfen isst man Salzkartoffeln, im Vogtland Kartoffelklöße (Grügeniffte).

Forall blau
Forelle Müllerinnenart

4 Forellen, Salz, Butter, 1 Lorbeerblatt, 1 Zwiebel, 1 Möhre, Salz, einige Pfefferkörner, Essig.

Die Forellen ausnehmen und säubern. Die Haut nicht verletzen, sonst bleibt die Blaufärbung aus! In einem Topf, Salz nach Geschmack, und die anderen Gewürze aufkochen lassen. Die Forellen auf einem Teller mit Essig begießen und anschließend in den Sud geben. Einmal aufkochen und 20 Minuten ziehen lassen. Mit zerlaufener Butter übergießen. - Zu Forellen isst man Salzkartoffeln und Rotkraut.

Schellfisch

1 kg Schellfisch oder anderen Kochfisch, 50 g Wurzelgemüse, 1 Zwiebel, ein paar Pfefferkörner, 1 Teel. Salz, 1 kleines Lorbeerblatt, 1 l Wasser.

Die Gewürze im Wasser aufkochen. Den in Portionen geteilten Fisch hineingeben. Alles aufkochen und danach etwa 20 Minuten ziehen lassen. Zum Fisch reicht man Senfsoße oder zerlassene Butter. – Schellfisch isst man zu Salzkartoffeln.

Ölhaarich mit Schöleraardäppeln
Ölhering mit Pellkartoffeln

5 Salzheringe, 2 Zwiebeln, 4 mittlere Gewürzgurken, Öl und etwas Senf. Kartoffeln nach Bedarf.

Die Salzheringe über Nacht wässern. Anschließend entgräten und filieren, die Haut abziehen und in 5 Zentimeter große Stücke schneiden. Alle Stücke einzeln mit Senf bestreichen und in einen Topf schichten. Zwischen jede Schicht die in Ringe geschnittene Zwiebel und die zu feinen Scheiben geschnittene Gurke legen. Mit einer Schicht aus Zwiebelringen und Gurkenscheiben abschließen. Das Ganze soweit mit Öl übergießen, bis alles bedeckt ist. Vor dem Verzehr einen Tag durchziehen lassen. Die in der Schale gekochten Kartoffeln heiß auf den Tisch bringen. – Zu Ölheringe schmeckt auch Schwarzbrot.

Brothaarich
Brathering

4 grüne Heringe, Mehl, Bratfett, 1 Tasse Essig, 1/2 Lorbeerblatt, 4 – 6 Pfefferkörner, 1/2 Teelöffel Senfkörner, Salz, Paprika, Zucker, 1 Zwiebel.

Von den Heringen Kopf, Eingeweide und Gräten entfernen, gründlich waschen und abtupfen, danach salzen, in Mehl wenden und beidseitig in heißem Fett braten, bis sie eine goldbraune Farbe haben. Während die Heringe erkalten, lässt man die übrigen Zutaten in 1/2 l Wasser aufkochen, die in Ringe geschnittene Zwiebel kurz mitkochen. Die abgekühlte Marinade über die Heringe gießen. Ein paar Stunden durchziehen lassen. – Zu den Bratheringen schmeckt Brot oder Pellkartoffeln.

Frieh Backs un äne treiche Bemm,
ze Mittig, satt in' Topp,
epp do wos annersch drinne is
als äne mogre Sopp.
Statt Kaffee Wurzl, Butter gibbs
gleich ganze Wochen net,
Ardäppeln un än'n Har'g darzu
gebrot'n inen wink Fett.
Ernst Hempel, 1902

Haarichsalat
Heringssalat

1 kg Kartoffeln, 2 Äpfel, 3 Salzheringe, 2 saure Gurken, 1 Zwiebel, 6 Essl. Öl, 1 Essl. Essig, ½ Teel. Zucker, Salz.

Die Salzheringe 24 Stunden wässern. Danach entgräten, filieren und in kleine Stücke schneiden. Die Kartoffeln am Vortage kochen, vor dem Verwenden schälen und in Würfel schneiden. Die Gurke würfeln. Äpfel schälen und würfeln. Heringe, Kartoffeln, Äpfel, Gurke und Zwiebeln vermischen. Aus Essig, Öl, 1 Prise Salz eine Marinade herstellen und dem Salat unterziehen. Da der Hering ohnehin salzig ist, vor der weiteren Zugabe von Salz abschmecken.

Ein Hering galt dazumal (um 1650) 3 Pfennige; ein gewisser Tag in der Woche war der Herings-Tag, da aßen sich die Eltern und Kinder alle an einem Hering satt, doch hatten sie ein Zugemüse von Grütze oder Erbsen dabey.
Müller-Fraureuth, Wörterbuch der obersächsischen Mundarten, 1911

Maahlkließ
Mehlklöße

1 kg gekochte Kartoffeln, 300 g Mehl, 1 Ei,
1 Teel. Salz, 1 Messerspitze gemahlene Muskatnuss.

Die gekochten Kartoffeln in eine breite Schüssel reiben. Darin die Masse auf zwei Drittel verteilen. Das offene Drittel mit Mehl auffüllen und in die Mitte das Ei geben. Etwas Salz und die Muskatnuss zufügen und aus allen Zutaten einen festen Teig herstellen. Reicht das Mehl nicht, soviel zugeben, bis der Teig fest ist, denn die Kartoffeln nehmen unterschiedlich Mehl an. Aus der Masse apfelgroße Klöße formen und in sie geröstete Semmelwürfel drücken. In reichlich Salzwasser aufkochen lassen. Danach 20 bis 25 Minuten leicht wallend ziehen lassen. – Mehlklöße werden zu verschiedenen Braten gereicht.

Verzage nich, mei lieber Christ,
sulang e Kluß im Toppe ist.
Redensart

Semmelknödel

350 g Semmel oder Weißbrot, 125 g Rauchfleisch, 20 g Margarine, 2 Eier, 1 große Zwiebel, Kartoffelmehl, Petersilie.

Semmel ringsum abreiben, grobe Stücke schneiden und in Wasser einweichen. Das inzwischen weich gekochte Rauchfleisch in Würfelchen schneiden. Zwiebel und Petersilie in Margarine anbraten. Die Weißbrotmasse in einem Tuch ausdrücken, mit dem Rauchfleisch, der gebratenen Zwiebel und den Eiern zu einem Kloßteig verarbeiten. Kartoffelmehl auf einen Teller streuen, darauf einen Löffel Kloßteig geben und in dem Mehl einhüllen. Runde Knödel formen und in das siedende Wasser gleiten lassen. Etwa 5 Minuten in Salzwasser kochen und danach 10 Minuten ziehen lassen. – Wird gern mit Gulasch aufgetragen.

Pflaumenknödel

Für vier Personen: 1 kg gekochte Kartoffeln, etwa 300 g Mehl, 150 g weich gehaltene Butter (davon 50 g für den Teig), 2 Eier, 1 Prise Salz, 1 Teel. Zucker, Pflaumen, Würfelzucker.

Die gekochten Kartoffeln reiben und mit dem Mehl, 50 g Butter, den Eiern, dem Zucker und etwas Salz zu einem festen Teig kneten. Daraus etwa apfelgroße Knödel formen. In jeden Knödel eine entkernte Pflaume stecken, in die ein Würfelzucker kommt. Die Knödel in kochendes Wasser geben. Wenn sie hochkommen, noch 20 Minuten ziehen lassen, bis sie gar sind. Vorsichtig mit der Schaumkelle herausheben. Auf dem Teller mit der leichtgebräunten Butter übergießen und mit Zucker bestreuen. – Zu Pflaumenknödel isst man Pflaumenkompott.

Aardäppelkließle
Kartoffelklößchen

1 kg mehlige Kartoffeln, 5 Essl. Milch, 4 Eier, etwas Butter, 1 Messerspitze Muskat, 1 Teel. Salz, bei Bedarf Grieß.

Die gekochten Kartoffeln reiben, Milch, Eier, Muskat und Salz zu einem Teig verarbeiten. Klebt er, mit etwas Grieß binden. Mit dem Löffel eiförmige Klößchen abstechen und im siedenden Salzwasser leicht kochen, bis sie aufsteigen. Herausnehmen, in etwas Butter kurz braten. - Man isst die Klößchen süß mit Vanillesoße oder mit Spinat, Ei und Wildkräutern oder mit Blattsalat.

Aardäppelfaunzen
Kartoffelküchlein

750 g Kartoffeln, 125 g Butter, 3 Bund Petersilie, 2 Teel. Kümmel, etwas Salz.

Die Kartoffeln waschen und in der Schale kochen. Nach dem Erkalten die Kartoffeln reiben. Die Petersilie fein hacken und mit dem Kümmel und etwas Salz unter die Kartoffeln mischen. Aus dem Teig etwa handgroße Küchlein formen und in einer Pfanne in der heißen Butter auf beiden Seiten goldgelb braten. – Zu den heißen Küchlein isst man grünen Salat oder Gurkensalat.

Um das holz zu ersparen sind die Erdäpfel auf keinem feuerherde zu kochen, wo es zweymal so viel holz als in einem ofen erfordert, und werden gleichwol nicht auf allen seiten recht weich, sondern einige bleiben hart, andere aber kochen nur halb. Gleiche bewandnis hat es auch wenn man in einer blechernen bratröhre zum kochen sezet.

Johann Adam Ludwig, Bern, 1770

Kirmesfloden

500 g griffiges Mehl, 500 g glattes Mehl, ½ l Milch, 60 g Hefe, 120 g Butter, 100 g Zucker, 2 Eier, Zitronenaroma, Vanillezucker, Salz.
Als Belag: Mohn, Pflaumen- oder Apfelmus.

Das Mehl in eine Schüssel geben. In die Mitte eine Kuhle machen. Darin die Hefe mit lauwarmer Milch anrühren. Nun alle anderen Zutaten hinzugeben und alles zu einem festen Teig kneten, 20 Minuten gehen lassen, dann zu einem fingerdicken Fladen ausrollen. Daraus Vierecke schneiden und belegen. Die Buchteln zusammenklappen, die Seiten gut zusammendrücken. In einer Pfanne noch etwas gehen lassen. Bei mittlerer Hitze goldgelb backen. Die noch warmen Buchteln aus der Pfanne stürzen, trennen und mit Staubzucker bestreuen.

Quarkfaunzen

Sächsische Quarkkeulchen anderer Art

1 kg Kartoffeln, 500 g Quark, 100 g Zucker, 3 Eier, 4 Essl. Mehl, 1 abgeriebene Zitrone, 1 Prise Salz, ½ Teel. Zimt, 50 g Rosinen, Öl zum Backen.

Die gekochten Kartoffeln heiß schälen und durch die Presse drücken. Den durch ein Sieb gestrichenen Quark mit der gewonnenen Kartoffelmasse vermengen. Mit den übrigen Zutaten einen Teig bereiten. Sollte der Teig zu weich sein, noch etwas Mehl nehmen. Mit bemehlten Händen längliche, flache Klößchen formen. Öl erhitzen. Darin die Klößchen langsam goldgelb backen. Mit Zucker und Zimt bestreuen und heiß auf den Tisch bringen.

Quarkkließle

Quarkkeulchen

500 g Mehl, 250 g Quark, 125 g Butter, 4 Eigelb, 40 g Hefe, 1 Tasse Milch, 125 g Korinthen oder Rosinen, abgeriebene Zitronenschale, 1 Essl. Zucker, etwas Salz.

Die Hefe in lauwarmer Milch auflösen und mit dem Mehl einen trockenen Teig anrühren, den man an einem warmen Ort aufgehen lässt. Die Butter mit den 4 Eigelb sahnig schlagen, nach und nach die übrigen Zutaten beifügen, zuletzt den aufgegangenen Teig und die Korinthen oder Rosinen. Aus dem Teig etwa 10 Zentimeter dicke Rollen formen. Davon fingerdicke Scheiben abschneiden. Diese nochmals 10 Minuten gehen lassen und anschließend in heißem Fett goldgelb backen. – Als Beikost zu den Quarkkeulchen isst man Apfelmus.

Aardäppeln in dr Pfann mit enn verbrannten Hintern

Struhaardäppeln
Strohkartoffeln

Kartoffeln, Bratfett, etwas Salz.

Die rohen Kartoffeln schälen, länglich zuschneiden und in dünne Scheiben teilen, daraus Streifen schneiden. Gut abgetrocknet in kleinen Mengen in das inzwischen erhitzte Bratenfett geben. Mit dem Löffel dann und wann bewegen und goldgelb bis hellbraun backen. Danach salzen. – Zu Strohkartoffeln isst man Bratenfleisch.

Mehl aus Kartoffelschalen
In einer Zeit, da auf dem Gebiet unserer Ernährung größter Mangel herrscht, darf nichts, aber auch gar nichts umkommen. Deshalb sei allen Hausfrauen empfohlen, auch die Kartoffelschalen noch der menschlichen Ernährung nutzbar zu machen und sie für die Selbstbereitung von Mehl zu verwenden. Die Kartoffelschalen werden sehr sauber gewaschen (achten Sie am besten schon bei der ganzen Kartoffel hierauf!), danach gut getrocknet und schließlich in einer Kaffee- oder Schrotmühle gemahlen. Das so gewonnene Mehl leistet zum Eindicken von Soßen, Suppen und Gemüsen, sowie als Streckmittel von dem gleichen Zweck dienenden Getreidemehl sehr gute Dienste.
Aus: „Spar-Rezept für die Hausfrau" (April 1946)

Überbackene Aardäppeln
Überbackene Kartoffeln

500 g geschälte gekochte Kartoffeln, 2 Essl. Margarine, 125 g durchwachsenen Speck, etwas Schweineschmalz, 1/2 Tasse frische Sahne, 1/2 Tasse helles Bier, 1 Ei, Semmelbrösel, etwas Salz, Pfeffer, Butterflöckchen.

Die Kartoffeln in Scheiben schneiden und eine gefettete Form damit auslegen. Darauf kommen die in Schmalz angebratenen Speckscheiben. Diese werden wiederum mit Kartoffelscheiben belegt. Die Sahne mit dem Bier, etwas Salz und Pfeffer und dem Ei verquirlen und über die Kartoffeln gießen. Mit Semmelbröseln bestreuen und obenauf Butterflöckchen geben. Das Ganze 45 Minuten im Ofen überbacken.

Äppelpfann
Apfelpfanne

750 g Äpfel, 1 l Milch, 3 altbackene Semmeln, 1 Päckchen Vanillepudding, 100 g Zucker, 2 Eier, Salz, abgeriebene Zitronenschale, etwas Mandelaroma.

Die Äpfel schälen und in Scheiben schneiden. Die klein geschnittenen Semmeln in der Milch einweichen und zerdrücken, wenn nötig, noch etwas Milch dazu geben. Zucker, Eigelb und Gewürz vermischen und in den Semmelbrei geben, ebenso das Puddingpulver und die Äpfel. Das Eiweiß schlagen und zum Schluss unter die Masse ziehen. In einer gefetteten Auflaufform etwa 45 Minuten bei mittlerer Hitze backen. – Zum Gericht schmeckt Vanillesoße.

Rauchemod
wie man sie im östlichen
Erzgebirge kennt

1,5 kg gekochte Kartoffeln, 150 g Speck, Butter, etwas Salz.

Die Kartoffeln abpellen, kalt werden lassen, fein reiben und mit etwas Salz abschmecken. Den Speck würfeln und in der Pfanne ausbraten. Danach die geriebene Kartoffelmasse fingerdick in das heiße Fett drücken. Bei nicht zu starker Hitze einseitig backen, bis sich eine braune Kruste bildet. Das Gebäck mit der gebratenen Seite nach oben auf den Teller stürzen und mit einigen Butterflöckchen verfeinern. – Rauchemod wird warm als Hauptgericht gegessen.

Rauchermod

1,5 kg mehlig kochende Kartoffeln, 250 g Speisequark, 2 Teel. Kümmel, etwas Salz, Fett zum Einreiben des Backblechs.

Die gekochten, abgepellten Kartoffeln auf der groben Stiftereibe zu kleinen Schnitzen reiben und mit Quark und Kümmel verkneten. Mit Salz abschmecken. Die Masse in breit gedrückte Klößchen auf das eingefettete Backblech verteilen. Im vorgeheizten Ofen bei 180 Grad etwa 30 Minuten backen. Die Kartoffelmasse soll eine schöne braune Farbe haben. – Rauchermod bringt man heiß auf den Tisch, dazu isst man Apfelmus oder anderes Kompott.

Sauerkrautkrapple

Krautkrapfen

500 g Sauerkraut, 250 g Mehl, 1 Tasse Wasser, 1 Ei, 50 g Schmalz, 1 Zwiebel, 1 Lorbeerblatt, nach Belieben Kümmel, etwas Salz und Pfeffer.

Das Mehl unter Zugabe von Wasser mit dem Ei und etwas Salz zu einem Teig verkneten und eine Stunde lang quellen lassen. In erhitztem Fett die Zwiebel glasig werden lassen. Das Sauerkraut mit den Gewürzen zugeben, 25 Minuten kochen, zum Abtropfen in ein Sieb geben. Auf dem zu einer Platte ausgerollten Teig das Sauerkraut verteilen und aufrollen. Von der Rolle dicke Scheiben schneiden und in heißem Fett goldgelb braten. – Zu den Krapfen isst man Rauchfleisch, geräucherte Wurst oder Rauchschinken.

Der Tisch war gedeckt. Hier fand ich ganz
die altgermanische Küche.
Sei mir gegrüßt, mein Sauerkraut,
holdselig sind deine Gerüche.
Heinrich Heine, 1844

Baasenbinder
Besenbinder

1 kg Kartoffeln, 300 g Rauchfleisch , 1 Zwiebel, 1 Ei, Bratenfett, Mehl, Salz und Pfeffer.

Die rohen Kartoffeln schälen und reiben. Die geschälten Zwiebeln klein hacken. Das Rauchfleisch in Scheiben schneiden. Die geriebenen Kartoffeln mit Salz und Pfeffer würzen, danach das Ei und Mehl unterrühren. Dem in der Pfanne erhitzten Bratenfett Rauchfleisch und Zwiebel zufügen. Nachdem alles leicht angebraten ist, Kartoffelbrei darüber verteilen, dass Fleisch und Zwiebeln abgedeckt sind. Auf beiden Seiten braun braten.

Fichtenzappen

Fichtenzapfen

500 g Kartoffeln, 2 – 3 Essl. Kartoffelmehl, 2 Eier, Fett, Paniermehl, etwas Salz und geriebene Muskatnuss.

Die am Vortag gekochten Kartoffeln schälen, reiben, mit dem Kartoffelmehl und den Eiern zu einem festen Teig vermengen, mit Salz und Muskatnuss abschmecken. Aus dem Teig auf einer mit Mehl bestäubten Unterlage eine dicke Rolle formen und davon Scheiben abschneiden, aus denen man zapfenförmige Gebilde ausrollt. Nachdem sie in Ei und Paniermehl gewendet wurden, mit einer Gabel schuppenförmige Muster eindrücken. In einer Pfanne mit heißem Fett die Gebilde goldbraun braten. – Die „Fichtenzappen" kommen heiß auf den Tisch. Man isst dazu Pökelbraten und Sauerkraut.

Zwetschgenauflauf

1 kg Zwetschgen, 300 g Zucker, 250 g Mehl, 75 g Butter, 4 Eier, Salz, 1 Essl. Zitronensaft, 2 Essl. Weinbrand, 1 Teel. abgeriebene Zironenschale, 50 g gehackte Mandeln, ½ Päckchen Backpulver, Öl, Puderzucker.

Die Zwetschgen waschen, halbieren, entsteinen, 100 g Zucker darüber streuen. Die Butter mit einer Prise Salz, 200 g Zucker und dem Eigelb schaumig schlagen. Zitronensaft, Weinbrand und Zitronenschale zugeben. Gesiebtes Mehl, Mandeln und Backpulver unterrühren. Eiweiß zu Schnee schlagen, dann vorsichtig unter den Teig heben. Die Hälfte des Teigs in eine feuerfeste, gefettete Auflaufform geben. Die Zwetschgen darauf verteilen und mit dem restlichen Teig bedecken. Den Ofen vorheizen. Bei Mittelhitze den Auflauf etwa eine Stunde backen. Er muss goldgelb aussehen. Den Puderzucker darüber streuen.

Scheiterhaufen

4 – 5 altbackene Brötchen, 400 g Äpfel, 150 g Butter, 70 – 80 g Zucker, 100 g Rosinen, 1 Tasse Milch, 3 Eier, 1 Teel. Zimt, 1 Essl. Rum und etwas abgeriebene Zitronenschale.

Die in dünne Scheiben geschnittenen Brötchen in der Butter in einem Tiegel erhitzen und nach und nach rösten. Abkühlen lassen. Die geschälten Äpfel raspeln, mit Zucker, Zimt und Zitronenschale mischen, Rosinen und Rum zum Schluss zugeben. In einer gefetteten Auflaufform abwechselnd eine Schicht Röstbrötchen, dann eine Schicht Apfelmasse geben. Mit einer Brötchenschicht abschließen. Die mit der Milch verquirlten Eier über den Scheiterhaufen gießen und alles in der Röhre etwa 45 Minuten backen.

Wiesenkraiter
Frühlingskräutersalat

Von der Wiese gesammelt: Junge Blätter von Löwenzahn, Gänseblümchen, Brennnessel, Vogelmiere, Brunnenkresse, Wiesenknöterich, Schnittlauch, etwas Zitronensaft oder Essig, Öl, Salz, Pfeffer.

Die Blätter verlesen und waschen. Gut abtropfen lassen. Wenn nötig, die groben Stiele entfernen. Danach, je nach weiterer Verwendung, mit dem Messer grob zerkleinern oder fein wiegen. Gewürze nach Geschmack zufügen. – Den groben Salat als Beikost zu Bratkartoffeln oder Rührei auftragen, den feineren als Brotbelag oder mit Butter gemischt als Kräuterbutter verwenden.

Von Sallaten
Sallat ist ein Essen von gewissen grünen Kräutern und Anderen Sachen, mit Oel, Essig und Salz vermengt. Manche finden bei dessen Genuß nichts Annehmliches. Und schon Plautus nannte ihn in spöttischer Weise „gewürzte Wiesen in Schüsseln".
A. E. Lehmann, Dresen, 1839

Frühgahrschkraitersupp
Frühlingskräutersuppe

100 g Brennnesseln, 100 g Sauerampfer, 100 g Spinat, eine Handvoll Kerbel und Petersilie, ein paar Stengel Schnittlauch, 2 Eigelb, 1 Tasse Milch oder Sahne, 40 g Butter, 2 Essl. Mehl, 1 Liter Wasser oder Fleischbrühe, etwas Salz und Pfeffer, eine Scheibe Röstbrot je Portion.

Die Kräuter verlesen, waschen, $^3/_4$ davon grob hacken und in der Butter andünsten. Danach das Mehl darüberstäuben und mit dem Wasser oder der Fleischbrühe auffüllen, mit Salz und Pfeffer abschmecken und bei kleiner Flamme 10 Minuten kochen lassen. Inzwischen Kerbel, Petersilie und Schnittlauch waschen und mit den restlichen Kräutern fein hacken und in die Suppe geben. Das Eigelb mit der Milch oder Sahne verquirlen und unter Rühren in die nicht mehr kochende Suppe gießen. Nochmals mit Pfeffer und Salz abschmecken und die Suppe über eine geröstete Brotscheibe gießen.

Brennnessel-Flackspalken
Brennnesselkaldaunen

500 g Flecke, 5 Kartoffeln, 5 große Handvoll junge Brennnesseln, 1 große Zwiebel, 1 Lorbeerblatt, 6 Gewürzkörner, etliche Pfefferkörner, einen Schuss Essig, 1 Essl. Zucker, etwas Mehl, 1 Gewürzgurke, etwas Salz.

Die Flecke gut waschen, klein-schneiden und mit reichlich Wasser zum Kochen bringen. Die Gewürze beifügen. Nachdem die Flecke fast weich sind, die kleingeschnittenen Kartoffeln, die kleingeschnittenen gebrühten Brennnesseln und die gewürfelte Gurke dazugeben. Sobald alles weich ist, süß-sauer abschmecken. Mit braunem Mehl andicken.

Kocht de Mutter saure Fleck, putzen mer ost alles weg.
Volksmund

*

Von den Speisewirthen in den Städten des sächsischen Voigtlandes werden als Lieblingsspeisen häufig „Saure Flecke“ und Schweinsknöchel mit Klösen und Meerrettig angezeigt.
Ernst Köhler, 1867

*

Die Sauren Flecke sind aus der Mode gekommen. Die jüngere Generation kennt sie kaum mehr, und nur noch in wenigen Familien und in Traditionsgaststätten werden sie aufgetischt.
Friedrich Barthel, 1987

Brennnesselauflaaf
Brennnesselauflauf

5 – 6 Handvoll junge Brennnesselblätter,
2 – 3 Semmeln, 1 Tasse Milch, 1 mittlere Zwiebel,
1 Ei, zum Würzen Liebstöckel, Dill und Salz.

Die Blätter in Salzwasser dämpfen, abseihen und fein wiegen. Je Portion eine Semmel in kleine Würfel schneiden und mit heißer Milch übergießen. Die Semmelwürfel 5 Minuten ziehen lassen. Die kleingeschnittene Zwiebel leicht in Butter dünsten. Das Eiweiß zu Schnee schlagen. Anschließend die Brennesseln, die Zwiebel, das Eigelb und das geschlagene Eiweiß unter die eingeweichten Semmeln ziehen. Mit Salz, Dill und Liebstöckel abschmecken. In eine Auflaufform geben und bei mittlerer Hitze 40 – 45 Minuten in der Röhre backen. – Der Auflauf wird heiß gegessen.

Wer scheu die Nessel greift,
Dem brennt davon die Hand;
Wer derb ihr Blatt ergreift,
Dem weckt sie keinen Brand.
Friedrich Rückert

Otternzunge

Spinat vom Wiesenknöterich

2 Handvoll (etwa 300 g) Kräuter, 2 Tassen Fleischbrühe oder gekörnte Brühe, 2 Essl. Mehl, etwas Salz und Pfeffer.

Die frischen Blätter waschen und von den Stielen trennen. In wenig kochendem gesalzenen Wasser 10 Minuten dünsten. Das Wasser soll die Blätter nur bedecken. Nach dem Dünsten die Blätter auf einem Brett fein wiegen. Das Mehl in einem Tiegel gelb rösten, den Spinat hineingeben, mit 1 Tasse Fleischbrühe ablöschen und glatt rühren. Die restliche Fleischbrühe allmählich zugießen bis das Gericht sämig geworden ist. Mit Salz und Pfeffer abschmecken. – Zum Spinat isst man Rührei und Salzkartoffeln.

Otternzungespalken

Eintopf von Wiesenknöterich

2 Handvoll (etwa 300 g) Blätter des Wiesenknöterichs, 300 g Kartoffeln, 1 l Fleischbrühe, 1 Knackwurst, etwas Salz und Pfeffer.

Die Blätter auslesen, die Stiele entfernen, waschen, blanchieren und mit dem Wiegemesser zerkleinern, danach in die Fleischbrühe geben. Die gekochten Kartoffeln würfeln, die Knackwurst in Scheiben schneiden, beides zufügen. Alles köcheln lassen, bis es weich ist. Mit Salz und Pfeffer abschmecken.

Sauerlumpsupp
Sauerampfersuppe

Eine Handvoll frisch gesammelte Sauerampferblätter, Butter, 1 Eigelb, Fleischbrühe, etwas Salz, Muskat und Mehl, 1 Scheibe Röstbrot.

Den Sauerampfer verlesen, die Blätter von den Stielen trennen, waschen, abtropfen lassen und fein wiegen. Danach in Butter dünsten, mit Mehl abstäuben und mit Fleischbrühe auffüllen. Mit Salz und Muskat abschmecken. Vor dem Anrichten mit dem Eigelb abziehen und über das geröstete Brot gießen.

Sauerlump, Soldatenstrump
macht de alten Weiber krump,
legen se sich uf de Lade,
da wern se wieder gerade.
Aus Tannenberg

Frieserichsupp, Wederlesupp

Schnittlauchsuppe

1 kg Kartoffeln, 100 g Räucherspeck, 1/4 l Wasser, 1/4 l Sahne, 1 Teel. Salz, 2 Bund Schnittlauch, etwas Pfeffer und 1/2 Essl. Essig.

Die geschälten Kartoffeln würfeln und im Salzwasser weich kochen. Beim Abgießen das Kochwasser auffangen und mit der Sahne unter ständigem Umrühren aufkochen. Inzwischen die Kartoffeln pürieren und beides zusammenrühren. Kurz aufkochen. Den Speck würfeln und in der Pfanne ausbraten. Mit dem Essig ablöschen und mit dem Pfeffer in die Suppe geben. Den klein gehackten Schnittlauch über die Suppe streuen.

Spinateintopf

1,5 kg Kartoffeln, 400 g Spinat, 150 g Speck, 2 mittlere Zwiebeln, Fleischbrühe, Salz, Muskatnuss, 1 Knackwurst.

Den Spinat gut waschen, abtropfen lassen, kochen und pürieren. Die geschälten Kartoffeln in Scheiben geschnitten im Salzwasser garen. Danach die Kartoffelscheiben mit dem Schneebesen unter Zugießen der Fleischbrühe zu einem glatten Brei schlagen. Den Speck klein schneiden, in der Pfanne ausbraten, die geschnittene Zwiebel darin glasig werden lassen. Zusammen mit dem Spinat unter die Suppe ziehen. Abschmecken. Die in Scheiben geschnittene Wurst dem Eintopf zugeben.

Hollerküchle

Holunderküchlein

10 – 12 Holunderblütendolden, 150 g Mehl, 3 Eigelb, ¼ l Sahne, ¼ l Wasser, 3 Eiweiß, 1 Päckchen Vanillezucker, 50 g Zimtzucker, etwas Salz und zum Ausbacken Öl.

Aus dem Mehl, Salz, Eigelb, Sahne und Wasser einen Teig bereiten und etwas ziehen lassen. Das Eiweiß mit dem Vanillezucker steif schlagen und unter den Teig heben. Öl in einer Pfanne erhitzen und die vorher gewaschenen und mit Küchenpapier abgetupften Holunderblüten in den Teig tauchen. In heißem Öl langsam ausbacken, mit Zimtzucker bestreuen und heiß auf den Tisch bringen.

Gebrotene Schwarzwurzel mit Eigeschnietene
Gebratene Schwarzwurzel mit Bratkartoffeln

500 g Schwarzwurzel, 125 g Butter, 500 g Kartoffeln, 1 Zitrone.

Die Schwarzwurzel waschen und schaben. In eine kleine, mit Wasser gefüllte Schüssel den Zitronensaft träufeln. Die Stangen der Schwarzwurzel in 2 bis 3 Zentimeter lange Stücke schneiden und in das Zitronenwasser legen, damit sie schön weiß bleiben. Danach herausnehmen und etwa 20 Minuten dämpfen. Die Hälfte der Butter in einer Bratpfanne zergehen lassen und darin die Schwarzwurzel auf beiden Seiten hellbraun braten. Die Kartoffeln mit dem anderen Teil der Butter zu Bratkartoffeln herrichten. – Zu den Bratkartoffeln isst man als Beilage die gebratene Schwarzwurzel.

Habuttensupp
Hagebuttensuppe

250 g frische Hagebutten, Kartoffelmehl zum Binden, 1 Tasse Milch, 1 Essl. Zucker, 3/4 Zitrone, etwas Salz.

Die Hagebutten mit soviel Wasser ansetzen, dass sie bedeckt sind. Etwas Zitronenschale zufügen. Die Hagebutten weichkochen und anschließend durch ein Sieb streichen. Danach den Brei auf die gewünschte Dicke mit der Milch verdünnen. Mit etwas Salz, Zucker und dem Saft der halben Zitrone abschmecken. Zur Verfeinerung können vor dem Auftischen geröstete Semmelwürfel über die Suppe gestreut werden.

Hiebeersupp
Himbeersuppe

750 g Himbeeren, 250 g Zucker, etwas Puffreis.

Die gewaschenen Himbeeren auf einem Sieb abtropfen lassen. In einer Schüssel mit dem Zucker bestreuen und etwa 3 Stunden stehen lassen, damit sich Saft bildet. Anschließend die stückigen Himbeeren zu einem Mus verrühren. Vor dem Essen streut man nach Belieben Puffreis darüber. Die Suppe wird kalt gegessen und ist an heißen Sommertagen eine besondere Erfrischung.

Weinkraut

10 kg Weißkraut, 75 g Salz, ½ l herben Weißwein, Wacholderbeeren, Dill und Kümmel. Zur Abrundung des Geschmacks einige in Scheiben geschnittene Äpfel.

Das Kraut fein hobeln, lagenweise in den Gärtopf geben. Auf jede Lage Salz und die Gewürze streuen, mit ein wenig Weißwein begießen. Vor der nächsten Lage das Kraut so fest stampfen, bis der Saft austritt. Zum Schluss das Ganze mit großen Krautblättern abdecken und durch einen Stein beschweren. Abgekochtes Salzwasser bereiten (auf einen Liter Wasser 15 g Salz) und damit den Gärtopf auffüllen. Das Kraut muss etwa 3 cm bedeckt sein. Den Rand des Gärtopfes mit Wasser füllen. Bei Zimmertemperatur 8 bis 10 Tage aufbewahren und die Gärung einleiten. Danach im Keller lagern. Nach etwa 3 - 4 Wochen ist das Weinkraut reif und kann verwendet werden.

Saure Gurken

20 mittlere Einlegegurken, 500 g Salz, 1 Tasse Essig, 5 große Dillstängel, 10 l Wasser.

Das Wasser mit dem Salz und Essig aufkochen, danach auskühlen lassen. Die Gurken an beiden Seiten anstechen (mit einer Stricknadel) und 5 Stunden wässern. Danach in ein kleines Fässchen schichten. Zwischen jede Schicht Gurken kommt eine Schicht Dill. Den kalten Aufguss über die Gurken schütten, so dass sie bedeckt sind. Mit einem Teller beschweren. Das Fässchen mit einem sauberen Wischtuch abdecken. – Nach einer Woche können die Gurken probiert werden.

Im Topf zwei kleine Gurken lagen.
Da hörte ich die eine fragen:
„Warum Gefährtin, sind wir sauer?
Erklär mir diesen Fakt genauer!“
Drauf sprach die andre tief bewegt:
„Na ja, man hat uns reingelegt.“
Lietz

Schmorgurken

500 g grüne Gurken, 100 Butter, 1 Essl. Mehl, etwas Majoran, Zucker, Salz und Zitronensaft.

Die geschälte Gurke in längliche Streifen schneiden und in der Butter bräunen. Danach eine Tasse Wasser hinzugeben und das Ganze bei kleinem Feuer langsam etwa 20 Minuten lang dämpfen. Mit Salz, Zucker und Zitronensaft abschmecken, so dass das Gericht fein säuerlich schmeckt. Nun gibt man dem Gericht Majoran und das gequirlte Mehl hinzu, lässt es einmal aufkochen und stellt es etwa 15 Minuten an eine heiße Stelle des Herdes. - Zu den Schmorgurken isst man Pellkartoffeln.

Stiehwurzelsalat
Selleriesalat

2 mittlere Sellerieknollen, 1 Zwiebel, 2 Essl. Öl, Essig oder Zitronensaft, Salz, Zucker, etwas Petersilie.

Die Sellerieknollen sauber abbürsten und in Salzwasser weich kochen. In kaltes Wasser legen, schälen und in Scheiben schneiden. Eine Marinade bereiten aus gehackter Zwiebel, Öl, Essig, Salz und Zucker und über die Selleriescheiben gießen. Mit Petersilie bestreuen. Das Ganze gut durchziehen lassen. – Selleriesalat gehört bei vielen Familien zum traditionellen Neunerlei, das im Gebirge an den Heiligabenden gegessen wird.

Is dos e Schwammegahr, wos macht mer mit de Schwamme

Grüne Kließ un Schwammebrüh

Kartoffelklöße in Pilztunke

Für die Klöße: 1 kg rohe, 500 g gekochte Kartoffeln, etwas Salz und Kartoffelmehl, geröstete Semmelwürfel. Für die Schwammebrüh: 2 große Handvoll getrocknete Waldpilze, 1 Zwiebel, 50 g Butter, Mehl zum Binden, etwas Salz und Pfeffer.

Klöße: Die rohen Kartoffeln schälen und reiben. Danach in einem Kloßsack ausdrücken, bis kein Wasser mehr kommt. Den Teig mit etwas Salz und 2 bis 3 Esslöffel Kartoffelmehl bestreuen. Langsam mit kochendem Wasser begießen, bis ein dicker Brei entsteht. Immer mit einem Kochlöffel rühren. Nun die gekochten, geriebenen Kartoffeln zugeben. Den Teig gut durchkneten und apfelgroße Klöße daraus formen. In jeden Kloß geröstete Semmelwürfel geben. 20 bis 25 Minuten in leicht gesalzenem Wasser köcheln lassen.

Schwammebrüh: Die getrockneten Pilze waschen, abgießen und in einen Topf geben. Mit Wasser aufgießen, bis sie bedeckt sind. Die geschnittene Zwiebel dazugeben. Mit Salz und Pfeffer abschmecken. Die Pilze weich kochen (etwa eine Stunde). Dabei müssen sie immer mit Wasser bedeckt bleiben. Sind die Pilze weich, mit Mehl sämig machen und die Butter unterziehen. - Grüne Kließ mit Schwammebrüh galt als ein Festtagsessen armer Leute im Erzgebirge.

Gebrotene Staapilz

Gebratene Steinpilze

500 g große, feste Steinpilze, 1 Ei, 2 Essl. geriebene Semmel, 125 g Butter, etwas Salz und Pfeffer.

Die Steinpilze säubern. Sind die Köpfe recht groß, in etwa 2 Zentimeter dicke Scheiben schneiden. Ebenso die Stiele in dicke Scheiben schneiden. Das Ei mit Salz und Pfeffer gemischt in die Pfanne schlagen. Die Steinpilze darin wenden, anschließend mit geriebener Semmel panieren. Die Pilze in der heißen Butter auf beiden Seiten goldgelb braten. - Zu den Steinpilzen schmeckt Kartoffelbrei.

Schwammeschnitzel

Pilzschnitzel

Mehrere große Pilzköpfe, Salz, Pfeffer, 1 Ei, Semmelbrösel, Butter.

Die Pilze putzen, die Stiele von den Köpfen trennen. Bei mittelgroßen Pilzen den ganzen Kopf nehmen, sonst die Köpfe in dicke Scheiben schneiden. Die Pilze waschen. Ei, Salz und Pfeffer aufschlagen. Darin die Pilzschnitzel wenden, anschließend in Semmelbrösel oder Mehl wälzen. In einer Pfanne knusprig braten. Aus den Stielen etwas Soße bereiten. – Die Pilzschnitzel schmecken gut zu Salzkartoffeln oder Klößen.

Dr alte Teimer-Farschter hot egal esu geta, als wär daar ganze Wald seine. Am mehsten hot ne geargert, wenn de Leit haardenweis durch'n Bestand getöbert sei, wall se Schwamme suchen wollten. Do sat emol e Fraa zu ne: „Ach, Herr Förster, stimmt es eigentlich, dass man jeden Pilz essen kann?" Do sat dr Teimer-Farschter drauf: „Dos stimmt. Mer ka geden assen. Mannichn freilich bluß aamol!"

Volksmund

Schwammehaanel
Pilzhähnchen

1 Hähnchen, 250 g Waldpilze, $^3/_4$ l Brühe, Bratfett, 1 Essl. Kartoffelmehl, gehackte Petersilie, etwas Salz.

Das Hähnchen in Portionsstücke teilen, salzen und in einer Pfanne anbraten. Vorher die Pilze anbraten, eine Weile kochen lassen, abschmecken. Dem angebratenen Hähnchen wird die Dünstflüssigkeit der Pilze und etwas Brühe zugegeben. So lange kochen, bis das Fleisch weich ist, dann die Pilze zufügen und mit Kartoffelmehl binden. Mit Petersilie würzen. – Zum Pilzhähnchen schmecken Salzkartoffeln oder Kartoffelklöße.

Schwammegulasch

Pilzgulasch

500 g gemischte Waldpilze, etwas Fleischbrühe, 50 g Speck, 1 große Zwiebel, ½ Teel. Kümmel, ½ Teel. Majoran, 1 Essl. Mehl, 1 Essl. Butter, Salz und Pfeffer nach Belieben.

In dem geschnittenen Speck die in Ringe geschnittene Zwiebel goldgelb braten. Die geputzten und gewaschenen Pilze in grobe Stücke schneiden, Kümmel, Majoran und Salz zugeben. Sind die Pilze angebraten und der ausgetretene Saft verdampft, das Mehl anstäuben und hellbraun werden lassen. Danach mit Brühe auffüllen und etwa 15 Minuten durchkochen lassen. Das fertige Gericht nochmals abschmecken und eventuell nachwürzen. – Zum Schwammegulasch isst man Salzkartoffeln, Kartoffel- oder Mehlklöße.

Schwamme-Philosophie

Do trifft dr Danel ne Henner in Wald draußen bei daare grußen Ficht. „Gelückauf, Henner“, sogt'r, „gisst wuhl in de Schwamme? Zeig mer när emol, wos hast de dä fer welliche?“ – Do sogt dr Henner: „Wenn ich welliche hätt, wür ich doch kaane suchen.“

„Do machst du's wie iech, Henner. Nischt is, wenn mer kaane hot, oder guttegar nischt is, wenn mer welliche hot, un doch noch welliche sucht. – Nu, do Gelückeauf, Henner!“ „Nu do Gelückeauf, Danel!“

Aus: „Sachsen braucht kenn König meh“, Leipzig 1994

Schwammeküchle oder Schwammerolln

Pilzküchlein oder Pilzrollen

250 g Waldpilze, 250 g Mehl, 1 Tasse Milch, 2 Eier, Bratfett.

Die Pilze putzen, waschen und in Scheiben schneiden. Im eigenen Saft dünsten, danach abtropfen lassen. Aus Mehl, Milch, Eiern und Salz einen Eierkuchenteig bereiten. In einer Pfanne das Bratfett erhitzen. Jeweils 1 Kelle des Teiges hineingeben und 1 Esslöffel Pilze darauf verteilen. Auf beiden Seiten backen. Oder: Auf die gebackenen Eierkuchen jeweils 1 Essl. gedünstete oder gebratene Pilze legen und zusammenrollen. – Das Pilzgericht wird heiß gegessen.

Kuttenbarger Schwammesupp

Kuttenberger Pilzsuppe

500 g gemischte Waldpilze, 1 l Fleischbrühe, 50 g Butter, 30 g Mehl, 1/8 l saure Sahne, 1 kleine Zwiebel, 1 Essl. Petersilie, etwas gemahlenen Kümmel und Salz.

Die geputzten Pilze in dünne Scheiben schneiden, mit heißem Wasser abbrausen und abtropfen lassen. Die Zwiebel fein hacken und in der erhitzten Butter glasig werden lassen. Die Pilze dazugeben und knappe 10 Minuten dünsten, bis aller Saft verdampft ist. Danach das Mehl darüber stäuben und nach kurzem Anschwitzen allmählich immer so viel Brühe zugießen, dass der Kochvorgang fortdauert, sonst werden die Pilze hart. Das Ganze danach noch etwa 10 Minuten köcheln lassen. Vor dem Auftischen Sahne und Petersilie unterrühren und mit Salz und Kümmel abschmecken.

Aardäppelsupp mit Schwamme
Kartoffelsuppe mit Pilzen

500 g Waldpilze, 500 g Kartoffeln, 1 l Wasser, 1 Tasse Milch, 80 g Speck, 3 Zwiebeln, 1 Bund Suppengrün, Salz, Pfeffer, Majoran, 1 Essl. gehackte Kräuter.

40 g Speck fein würfeln und auslassen. Darin eine gewürfelte Zwiebel und das fein geschnittene Suppengrün dünsten. Die Pilze in Stücke schneiden, zugeben und weitere 5 Minuten dünsten. Nun mit Flüssigkeit auffüllen, die in Würfel geschnittenen Kartoffeln zugeben, mit Salz, Pfeffer und Majoran würzen und bis zum Weichwerden kochen lassen. Die Suppe mit einem Stampfer sämig rühren, dann die Milch zugeben und die Kräuter unterrühren. Den restlichen Speck auslassen, darin die restlichen Zwiebeln kräftig bräunen und der Suppe zugeben.

Nur dieser eine Teller noch –
er wird gewiss nicht schaden.
Meine Suppe mundet besser doch
als ein stolzer Braten.
Greif recht zu, das lieb ich sehr.
Hier ist ein neuer Teller!
Mach' die Schüssel völlig leer,
zwei sind noch im Keller.
Krylow

Sauer eigelegte Schwamme
Sauer eingelegte Pilze

500 g kleine feste oder Stücke von größeren festen Waldpilzen. Für 1 l Sud: 1 l Wasser, ¼ l Weinessig, 4 Essl. Zucker, 2 gestrichene Essl. Salz, Senf- und Korianderkörner, 1 Lorbeerblatt, Dill, Spitze einer Peperonischote.

Die Pilze waschen, in einen Topf geben und mit dem Sud begießen. Etwa 30 Minuten leicht kochen lassen. Vom Feuer nehmen. Nach dem Erkalten die Pilze als Zugemüse auf den Tisch bringen.

Dos is emol e Schwammegahr,
wie fei noch kaans gewaasen,
do möcht mer doch'n ganzen Tog
när eitel Schwamme assen...
Max August Schreyer, 1893

Mahlzeit Spalken, Alletogassen aus enn Topp

Schöps mit Bunne

Hammelfleisch mit Bohnen

1 Hammelschulter, 1 kg Bohnen, 1 kg Kartoffeln, 2 Zwiebeln, Sellerie, Möhren, 1 Lorbeerblatt, Salz, Pfeffer.

Das ausgeschälte Hammelfleisch mit dem Lorbeerblatt, Pfeffer und Salz nach Geschmack, mit kaltem Wasser ansetzen und zum Kochen bringen. Nachdem das Fleisch fast weich ist, die in Stücke gebrochenen Bohnen, die klein geschnittenen Kartoffeln und das Gemüse zugeben. Alles zusammen weich kochen. Vor dem Auftragen nochmals abschmecken. Heiß auftragen.

Im Vogtland heißt es: Schöpsfleisch geht wieder nach Hause, zum Fleischer zurück, weil es beim Kochen schwindet, eingeht.
Überliefert

Dicke Bunne mit Spack
Speckbohnen

600 g weiße Bohnen, 500 g gekochte Kartoffeln, 150 g durchwachsener Speck, 2 Zwiebeln, Salz und Pfeffer.

Die Bohnen über Nacht einweichen. Den gewürfelten Speck auslassen, die fein geschnittenen Zwiebeln darin glasig braten. Die Bohnen abseihen, zu dem Speck und den Zwiebeln geben. Wasser zugeben, bis alles bedeckt ist. Mit Salz und Pfeffer abschmecken. Dann die in Würfel geschnittenen Kartoffeln dazugeben. Alles gut umrühren. Anschließend kochen, bis die Bohnen weich sind. Mit Bohnenkraut würzen.

Erbsbrei

500 g Erbsen, Fleischbrühe, 1 Zwiebel, etwas Butter, etwas Mehl, Salz.

Die verlesenen und gewaschenen Erbsen über Nacht einweichen. Danach zusammen mit dem Einweichwasser weich kochen. Die kleingeschnittene Zwiebel und das Mehl in der Butter rösten, bis die Zwiebel goldgelb ist und unter die Erbsen rühren. Anschließend die Erbsen durch ein Sieb passieren, mit Salz abschmecken und mit Fleischbrühe die gewünschte Dicke herstellen.

Erbsen mit Rauchfleisch

500 g gelbe Erbsen, 250 g Rauchfleisch, 3 Möhren, 1 Zwiebel, Majoran, Salz.

Die Erbsen waschen, mit Wasser bedeckt aufquellen lassen. Das Rauchfleisch in 1 l Wasser ansetzen und kochen lassen. Das klein geschnittene Gemüse dazugeben, wenn das Fleisch fast weich ist. Die Erbsen abgießen. Das Fleisch klein schneiden. Fleisch und Brühe mit dem Gemüse über die Erbsen geben. Alles gut umrühren. Mit Salz und Majoran abschmecken. Ist das Gericht zu dick, mit Gemüsebrühe verdünnen.

Linsen mit Sauerkraut

250 g Linsen, 500 g Sauerkraut, 2 große Äpfel, 1 Essl. Butter, 1 mittlere Zwiebel, etwas Salz und Essig, Fleischbrühe.

Die Linsen waschen und in ½ l Wasser über Nacht einweichen. Das Sauerkraut ungewaschen mit den geschnittenen Äpfeln lagenweise in einen Topf geben. Die oberste Lage soll Sauerkraut bilden. Mit Fleischbrühe auffüllen und das Ganze 90 Minuten dämpfen. Die Linsen dick kochen. In einer Pfanne die Butter zerlassen, darin die in kleine Würfel geschnittene Zwiebel hellbraun braten und unter die Linsen geben. Mit Salz und etwas Essig würzen. Die Linsen kommen mit dem Sauerkraut auf den Teller.

Rosenkohl mit gebackene Aardäppeln
Rosenkohl mit Röstkartoffeln

750 g Rosenkohl, 500 g Kartoffeln, 150 g Butter, etwas Selleriesalz, Muskatnuss.

Die Röschen von den äußeren welken Blättern befreien, in warmem Wasser waschen und auf einem Sieb abtropfen lassen. Die Hälfte der Butter mit dem Rosenkohl in einen Topf geben und ihn 30 Minuten dämpfen lassen. Den Kohl danach mit ein wenig Selleriesalz und ein paar Stäubchen Muskatnuss abschmecken. Inzwischen die Kartoffeln kochen und von der Schale befreien. In eine Pfanne die restliche Butter geben und darin die geschälten Kartoffeln rösten, bis sie hellbraun sind. Der Rosenkohl wird zusammen mit den gerösteten Kartoffeln gegessen.

Gemüse als Speise nährt und reizt wenig, befördert die Ausleerung, giebt ein kühles Blut und ist besonders für cholerische, dickblütige und mit Verstopfungen geplagte Menschen sehr gesund. Die Kohlrüben blähen am meisten; Spinat, Zuckerwurzeln, Endivien u. dgl. am wenigsten.

Conservations-Lexikon für alle Stände, Leipzig, 1834

Dorschtenaardäppeln

Kohlrüben mit Kartoffeln

1 kg Kohlrüben, 500 g Kartoffeln, 125 g Butter, etwas Majoran, Sellerie und Salz.

Die geschälten Kohlrüben in würflige Streifen schneiden und waschen. In einem Topf die Butter zerlassen und die Kohlrüben mit einer Tasse Wasser hinzufügen. Die geschälten Kartoffeln in feine Scheiben schneiden, unter die Kohlrüben mischen und salzen. Das Ganze läßt man 90 Minuten dämpfen. Sobald das Gericht gar ist, würzt man es mit Majoran und Sellerie.

Krautspalken
Weißkrauteintopf

500 g Weißkraut, 500 g Kartoffeln, 200 g Schweinebauch, ½ l Wasser, Salz, Pfeffer, 1 Lorbeerblatt, Kümmel.

Das Weißkraut putzen und die Blätter zerkleinern. Das Fleisch eine Zeit lang vorkochen, dann in Würfel, die Kartoffeln in Scheiben schneiden. Danach alle Zutaten zufügen und das Gericht zugedeckt auf kleiner Flamme garen. – Aufgewärmt schmecken die Spalken besonders gut.

Als Leibgericht des Vogtländers kamen die Spalken in der Woche einige Male auf den Tisch, so dass im Volksmund der Mittagsgruß entstand: *„Mahlzeit – Spalken."* Die Spalken sind „gespaltene" rohe Kartoffeln, die, mit Kochfleisch und Gemüse zubereitet, im Hochdeutschen Kartoffelstücken oder Eintopf entsprechen.
Friedrich Barthel

Bähmischer Battelma
Böhmischer Bettelmann

10 – 12 rohe Kartoffeln, 2 Möhren, 1 Sellerieknolle, 1 Zwiebel, Fleischbrühe, Mehl, etwas Fett, Petersilie, Pfeffer, Salz.

Die geschälten Kartoffeln, die Sellerieknolle und die Möhren in Scheiben schneiden. Mit der Zwiebel in der Fleischbrühe weich kochen. Danach durch ein Sieb passieren und mit Salz und Pfeffer abschmecken. Wieder erhitzen. Inzwischen 2 Essl. Mehl in Fett rösten und dem Ganzen zufügen, nochmals aufkochen. Vor dem Auftragen mit Petersilie bestreuen.

Auch heute noch kennt man die „Bettelmabemm". Auf eine „Butterbemme" legt man scheibenweise gekochte Kartoffeln, eine Prise Pfeffer und einen Zwiebelring.
Allgemein

Aardäppelnudeln
Kartoffelnudeln

1 kg mehlige Kartoffeln, 5 Essl. Milch, 2 Eier, etwas Butter, 1 Messerspitze Muskat, 1 Teel. Salz.

Die weich gekochten Kartoffeln reiben, mit Mehl, Ei und etwas Salz vermengen. Einen Teig bereiten und daraus Rollen formen, von denen man Nudeln abschneidet. In kochendes Salzwasser geben und gar ziehen lassen. Inzwischen Semmelbrösel in Butter rösten und auf die Nudeln geben. – Zu den Kartoffelnudeln isst man Kompott oder frischen Salat.

Aardäppelsalat mit Stiehwurzel
Kartoffelsalat mit Sellerie

200 g festkochende Kartoffeln, 1 Tasse Fleischbrühe, 2 Essl. gehackte Zwiebel, 1 kleingewürfelte Essiggurke, 1–2 Essl. Essig, 50 g kleingewürfelten Sellerie, etwas Muskat, ½ Teel. Liebstöckel, 2 Essl. fein gehackte Petersilie, etwas Salz und Pfeffer zum Abschmecken.

Kartoffeln in der Schale kochen, warm schälen und in dünne Scheiben schneiden, mit dem Essig, ¾ der Brühe, der Zwiebel vermischen und durchziehen lassen. Danach das Ganze mit Sellerie, Gurke, Petersilie und den Kräutern vermischen. Mit Salz und Pfeffer abschmecken. Falls erforderlich, die restliche Brühe untermischen. Vor dem Auftragen den fertigen Salat durchziehen lassen.

Salbergemachte Nudeln, vogtländische Ludeln

Selbstgemachte Nudeln

250 g Mehl, 2 Eier, 1 Teel. Salz, 1 Messerspitze Muskatnuss, etwas Wasser.

Alle Zutaten zu einem festen Teig kneten. Wasser nach Bedarf zufügen. Auf einem bemehlten Kuchendeckel ganz dünn ausrollen. Den dünnen, ausgerollten Teig mit Mehl bestreuen, zusammenrollen und mit dem Messer zu 1/2 cm breiten Nudeln schneiden. Die geschnittenen Nudeln locker machen und anschließend trocknen. Getrocknet, in einem luftdichten Gefäß aufbewahren.

Kälberzaahnle mit Rindflaasch

Gräupchen mit Rindfleisch

200 g Gräupchen, 500 g Rindfleisch, 2 Kohlrabi, 1 Möhre, 1 Lorbeerblatt, einige Pfefferkörner, 1 Zwiebel, Salz nach Bedarf.

Das gewaschene Fleisch, zusammen mit der Möhre, der Zwiebel, den Gewürzen mit kaltem Wasser ansetzen und fast weich kochen. Das Fleisch klein schneiden, klein geschnittenen Kohlrabi dazugeben und leicht köcheln, bis alles weich ist. Die Gräupchen vorher kochen, das Kochwasser abgießen und die Gräupchen in den Topf mit Fleisch und Kohlrabi geben. Alles gut umrühren, mit Salz und Pfeffer abschmecken. Mit Petersilie bestreuen. – Aufgewärmt schmeckt das Gericht besonders gut.

Bockwurst mit Kartoffelsalat

2 Paar Bockwürste, 1 kg festkochende Kartoffeln, 1 Zwiebel, ½ l Fleischbrühe, 2 Essl. Öl, 1 Essl. Essig, Salz, Pfeffer, gehackte Petersilie.

Die gewaschenen Kartoffeln in der Schale kochen. Wenn die Kartoffeln noch warm sind, abschälen und in dünne Scheiben schneiden. Inzwischen eine Marinade bereiten: Die Zwiebel in der Fleischbrühe ansetzen, Salz, Pfeffer, Essig und Öl nach Geschmack beifügen und alles so lange kochen, bis die Zwiebel weich ist. Die Marinade warm über die Kartoffelscheiben geben und den Salat durchziehen lassen. Nochmals abschmecken und die gehackte Petersilie unterheben. Die Bockwürste im Wasser erwärmen. Nicht kochen, weil sie sonst platzen.

Holzmacherbrotsupp

Brotsuppe nach Art des Holzmachers

Altbackenes Brot, 1 Zwiebel, 1 Stück Sellerieknolle, 2 rohe Kartoffeln, Fleischbrühe, Pfeffer, Salz.

Die in Stücke gebrochenen Brotscheiben mit der Zwiebel, dem Selleriestück und den geschälten und geschnittenen Kartoffeln zu einem Brei kochen. Mit Salz und Pfeffer abschmecken. Oft umrühren, da das Brot leicht anbrennt. Wenn alles weich gekocht ist, durch ein Sieb passieren. Die Suppe mit Fleischbrühe verdünnen und einige Minuten durchziehen lassen.

Goldwürfelsuppe

1/4 l Fleischbrühe, 2 Brötchen, 2 Eier, Butterschmalz, etwas Milch, Schnittlauch, eine Prise Muskat, etwas Salz.

Die Brötchen in kleine Würfel schneiden. Eier, Salz und Muskat mit ein wenig Milch anrühren und damit die Brotwürfel begießen. Haben sie genügend Flüssigkeit aufgenommen, diese im heißen Butterschmalz goldgelb backen. Danach die heiße Fleischbrühe darübergießen und das Gericht mit gehacktem Schnittlauch bestreuen.

Biersuppe

1 l Malzbier, 2 Scheiben Schwarzbrot, etwas Butter, Zucker, gemahlenen Kümmel, 2 Eier, Salz zum Abschmecken.

Das Bier mit dem kleingeschnittenen Brot, der Butter, dem Zucker erhitzen, jedoch nicht kochen. Kümmel und Salz nach Belieben zufügen. Vom Feuer nehmen, durchpassieren, mit den verquirlten Eiern binden und nochmals erhitzen.

Warmbier

1/2 l dunkles Bier, 3/4 l Milch, 1 Messerspitze Zimt, Zitronenschale, 1 Eigelb, 2–3 Essl. Zucker, Kartoffelmehl, um sämig zu machen.

In die erhitzte, fast kochende Milch das in etwas Milch verquirlte Kartoffelmehl und das Eigelb geben. Gleichzeitig Bier mit Zimt, Zucker, Zitronenschale erhitzen und in die Milch gießen, die bereits vom Feuer genommen wurde. - Warmbier dient als Zukost zum Abendbrot.

Sunnebarger Aardäppelsupp
Kartoffelsuppe Sonnenberger Art

500 g Kartoffeln, 2 Zwiebeln, 50 g geräucherten Speck, 3/4 l Fleischbrühe, Suppengrün, etwas Majoran, Salz, Pfeffer, Muskatnuss.

Die geschälten Kartoffeln und die abgezogenen Zwiebeln grob würfeln. Den fein gewürfelten Speck knusprig braten. Die Zwiebeln im Speckfett glasig schwitzen, die Kartoffeln zugeben und mit Brühe auffüllen. Zugedeckt etwa 20 Minuten kochen. Das gewaschene Suppengrün putzen und zerkleinern. Kartoffeln in der Suppe pürieren. Mit Salz, Pfeffer, Muskatnuss abschmecken. Das zerkleinerte Gemüse in die Suppe geben und darin 5 Minuten kochen, mit Majoran abschmecken.

Battelmaadelsupp
Bettelmädchensuppe

3 Scheiben altbackenes Roggenmischbrot, 3/4 l Fleischbrühe, 150 g grobe Leberwurst, eine mittlere Zwiebel, eine Knoblauchzehe, frischen Schnittlauch, etwas Fett oder Butter, Salz, Pfeffer und Majoran zum Abschmecken.

Das Brot würfeln und mit etwas Fett oder Butter in einer Pfanne rösten. Die fein gehackte Zwiebel und Knoblauchzehe in wenig Fett glasig dünsten. Die ausgepellte Wurst dazugeben und bei mäßiger Hitze unter ständigem Rühren auflösen. Nun die Brühe mit Salz, Pfeffer und Majoran abschmecken und zugießen. Die Suppe bei kleinem Feuer 10 Minuten köcheln lassen. Die Brotwürfel im Teller verteilen, die Suppe darüber gießen und mit gehacktem Schnittlauch bestreuen.

Saure Eier

2 Eier (pro Person), 100 g Butter, Mehl, Salz, Senf, Zitronensaft.

Die hart gekochten Eier abschälen. Inzwischen die Senfsoße bereiten. Die Butter in einem Topf zerlaufen lassen. 2 Esslöffel Mehl unterschlagen. Danach mit kochendem Wasser langsam aufgießen. Dazu immer leicht mit dem Rührbesen schlagen. Ist die Soße sämig, mit Senf, Zitronensaft und Salz abschmecken. Die gekochten Eier in die Soße geben. - Zu den Eiern isst man Salzkartoffeln.

Spackeier

Eier auf Speck

4 Eier, 100 g Speck, Salz.

In der Pfanne dünne Speckscheiben auslassen, bis sie glasig sind. Dann die Eier, eines nach dem anderen hinein schlagen. Die Eier langsam braten, bis das Eiweiß geronnen ist. Mit Salz würzen. Heiß auftragen. - Zu den Eiern auf Speck isst man Schwarzbrot.

> Eier in dr Pfann machen enn guten Kuchn
> när kaane klenn Hühnle.
> *Volksweisheit*

Leiöl mit Schöleraardäppeln
Leinöl mit Pellkartoffeln

Kalt geschlagenes Leinöl, 2 – 3 mittlere Zwiebeln, 1 kg Kartoffeln, etwas Salz, Majoran und Estragon.

Über die zu kleinen Würfeln geschnittene Zwiebel Majoran und Estragon reppeln und mit der gewünschten Menge Öl mischen. Die Kartoffeln, am besten neue Kartoffeln, in der Schale dämpfen und geschält zum Leinöl-Zwiebel-Gemisch essen. - Zum Gericht kann auch Quark gegessen werden.

Mer isst su langk Schöleraardäppeln,
bis mer sich nooch enn Getzen sehnt.
Redensart

Inseltgrumpele mit Schöleraardäppeln

Talggrieben mit Pellkartoffeln

200 g Rindertalg (beim Fleischer bestellen), 1 Prise Salz, Pellkartoffeln.

Den Rindertalg in ganz kleine Würfel schneiden. In einer Pfanne langsam ausbraten, bis sich der Talg verflüssigt und die Grieben eine leicht braune Farbe bekommen. Inzwischen die Pellkartoffeln kochen. Beides heiß auf den Tisch bringen. – Eine kleine Portion des ausgelassenen Talges auf den Teller geben und heiß zu den Kartoffeln essen.

Die Aardäppeln brachten keinen Abfall. „Gekochte Schöler“ bekamen die Kuhhosen, „grüne Schöler“ und die „Reiberle“ (Reibrückstände) kam ins „Ziegnschaffel“.

Überliefert

Salzeier
Soleier

1 l Wasser, 80 g Salz, 1 Essl. Kümmel, Zwiebelschalen, 1 Teelöffel Zucker, 4 bis 6 Eier.

Die Gewürze einige Minuten im Wasser kochen, danach die Eier vorsichtig zufügen und etwa 8 Minuten kochen lassen. Nach dem Herausnehmen mit kaltem Wasser abschrecken und die Eierschalen leicht einknicken. Die Eier in ein Glas legen, kühl stellen, mit der Sole übergießen und mehrere Tage ziehen lassen. Nicht länger als 10 Tage aufbewahren. - Soleier isst man gern zum Frühstück.

Kuhkaas
Kuhkäse

Quark, Kümmel, schwarzer Malzkaffee, etwas Pfeffer.

Den Quark auspressen, mit Kümmel würzen, breit gedrückt daraus fingerdicke Taler oder fingerartige Stangen formen. Die Gebilde auf einem mit einer Schütte Haferstroh bedeckten Lattenrost auf dem Hausboden lufttrocknen. Der gedörrte Käse wird schichtweise in einen Steinguttopf eingelegt, mit einem Tuch zugebunden, warm gestellt und von Zeit zu Zeit mit schwarzem Malzkaffee übergossen. – Ist der Käse reif, wird er mit Pfeffer bestreut und zu Butter und Brot gegessen. Dazu trinkt man Bier.

Ein Mädchen, das gern Käse isst,
putzt sich die Zähne, eh sie küsst.
Redensart

*

Kommt dir zu Haus ein Freund oder Gast,
so setz ihm vor, was du hast,
ist er dein Freund und wohlgemut,
er nimmt mit Käs und Brot vorgut,
ist aber er ein Rülp geborn,
ist Käs und Brot an ihm verlorn.
Grimmelshausen

Sülze

1 Schweinsbein, 1 Möhre, 1 Zwiebel, 1 saure Gurke, 1 Lorbeerblatt, Salz, Pfeffer.

Das Schweinsbein in kaltem Wasser ansetzen und mit den Gewürzen kochen, bis es weich ist. Das Fleisch muss mit Wasser bedeckt sein. Nach dem Kochen das Fleisch vom Knochen lösen. In kleine Stücke schneiden, in eine Schüssel geben. Die kleingeschnittene Gurke zufügen. Anschließend die Fleischbrühe durch ein Sieb geben und über das geschnittene Fleisch gießen, bis es bedeckt ist. Alles erkalten lassen. – Sülze isst man zu Bratkartoffeln und würzt mit geschnittener Zwiebel, Essig, Öl, Pfeffer und Salz.

Assen aus schlimmer Zeit

Wie sich unsere Großmütter zu helfen wussten, um ihre Familie satt zu bekommen. Rezepte aus den Jahren 1945/46

Sauerbraten ohne Fleisch und Fett

Ein Stück Kohlrübe mit Kümmel halbweich kochen, in Scheiben schneiden und in Mehl wenden. Die panierten Scheiben mit einem Löffel Zucker bräunen, etwas Salz, Essig, ein kleines Lorbeerblatt zugeben, mit Wasser auffüllen und garen. Zuletzt mit etwas Mehl binden. – Mehlklöße dazu, ergibt ein wohlschmeckendes Gericht.

Streckfett

In ¼ l kaltes Wasser 4 Essl. Grieß einrühren, die Masse zum Kochen bringen. In der Zwischenzeit eine große Zwiebel klein schneiden und mit etwas Fett gläsern rösten. Dies in die kochende Grießmasse geben, gut umrühren. Mit Salz, Pfeffer, Majoran abschmecken. – Nach dem Erkalten gibt das Streckfett einen vorzüglichen Brotbelag. Es kann auch zu Kartoffeln gegessen werden.

Falsche Bratheringe

3 – 4 Kartoffeln schälen und reiben. Das Wasser leicht ausdrücken. Mit etwas Mehl und Grieß zu einem Teig rühren. Salz nach Bedarf. Den Teig zu flachen Klößen formen und schön goldbraun braten. Kalt werden lassen. Einen Sud kochen mit Fischgewürz, Essig, 2 großen Zwiebeln und etwas Salz. Den Sud heiß über die Bratlinge gießen, über Nacht ziehen lassen. – Falsche Bratheringe isst man zu Brot oder Kartoffeln.

Wenn dos esu is, Sunntig werd gebacken

Pflaumenkuchen

Für den Teig: 400 g Mehl, 1,5 kg Pflaumen, 1 Tasse Milch, 30 g Hefe, 70 g Zucker, 1 Ei, 50 g Butter, etwas Salz. – Für die Streusel: 100 g Mehl, 50 g Zucker, 50 g Butter, Messerspitze Zimt.

In die leicht erwärmte Milch die Hefe bröckeln. Mehl, Salz und Zucker zufügen. Nun daraus mit der Butter und dem Ei einen glatten Teig kneten. Zugedeckt bei Zimmerwärme etwa 30 Minuten gehen lassen. In der Zeit die Pflaumen waschen, halbieren und entsteinen. Den Teig nochmals durchkneten und auf dem leicht bemehlten Kuchendeckel ausrollen. Auf dem mit Backpapier ausgelegten Kuchenblech, dessen Rand etwas hochgezogen ist, den Teig legen und ihn mit einer Gabel einstechen, damit keine Blasen werden. Anschließend mit den Pflaumen belegen. Die Haut der Früchte auf den Teig legen! Für die Streusel die weich gehaltene Butter mit dem Mehl, dem Zucker, dem Zimt und einer Prise Salz mischen, anschließend krümelig kneten und auf die Pflaumen verteilen. Bei guter Mittelhitze etwa 45 Minuten backen. – Der Pflaumenkuchen schmeckt am besten, wenn er frisch gegessen wird.

Äppelkuchn
Apfelkuchen

Für den Teig: 500 g Mehl, 200 g Butter, 125 g Zucker, 2 Eier, 3 Essl. Milch, 1 Päckchen Backpulver, 1 Päckchen Vanillezucker. Butter und Semmelbrösel für die Form. – Für die Füllung: 1 kg säuerliche Äpfel, 100 g Zucker, Saft von 1 Zitrone, 1 Päckchen Vanillezucker, etwas Zimt. – Für den Guss: 100 g Puderzucker, etwas Zitronensaft.

Backpulver und Mehl vermischen, mit den übrigen Zutaten zu einem glatten Teig verkneten. Zugedeckt etwa 30 Minuten kalt stellen. Indessen die geschälten Äpfel entkernen und in Stückchen schneiden. Mit den restlichen Zutaten für die Füllung mischen und etwa 10 Minuten köcheln. Abkühlen lassen. Den Teig halbieren. Einen Teil in der Größe der Springform ausrollen, in diese legen, mit einer Gabel einstechen. Ofen vorheizen. Mit einem Teil des Teiges den hohen Rand der Springform auskleiden, den Teig an den Boden kleben und die abgekühlten Äpfel darauf verteilen. Den Teigrand nach innen auf die Äpfel kippen. Restlichen Teig ausrollen und den Kuchen damit bedecken. Mehrmals mit der Gabel einstechen. Im Ofen ca. 1 Stunde backen. Abgekühlt aus der Form nehmen. Zitronensaft und Puderzucker zu einem Guss verrühren und damit den Kuchen bestreichen.

Batzenkuchen

250 g Mehl, 30 g Hefe, 1 Tasse Milch,
3 Essl. Zucker, 100 g Rosinen, 1 Ei, 1 Eigelb,
etwas Salz.

Die lauwarme Milch mit der Hefe, je einem Esslöffel Mehl und Zucker und etwas Salz verrühren. An einem warmen Ort 30 Minuten gehen lassen. Danach die restlichen Zutaten unterrühren. Aus dem Teig Kugeln formen, sie etwas flachdrücken und auf ein mit Backpapier belegtes Blech setzen und gehen lassen. Jeden Batzen mit dem Messer kreuzweise einschneiden. Bei guter Hitze backen.

Daß man käufliche Hefe strecken kann, ist vielen bekannt, doch wußten Sie auch schon, daß man sie ohne jede Hefegrundsubstanz völlig „neu" herstellen kann? Zu diesem Zweck drücken Sie drei mittelgroße gekochte Kartoffeln durch, setzen einen Teelöffel Zucker hinzu und verrühren das Ganze mit etwas hellem Bier zu einem dicken Brei. Diesen lassen Sie einige Tage stehen und verwenden die gegorene Masse zu 2 – 3 Pfund Mehl.
Aus: „Spar-Rezepte für die Hausfrau" (April 1946)

Kutterbacher Mohrnkuchn

Kutterbacher Mohrenkuchen

Für den Kuchen: 4 Tassen Mehl, 2 Tassen Zucker, 250 g Butter, 3 Eier, ¼ l saure Sahne, 4 Päckchen Vanillezucker, 1 Päckchen Natron, 1 Teelöffel gem. Zimt, 2 Essl. Kakao, Saft von 1 Zitrone, etwas Salz. Für den Schokoladenguss: 125 g Kokosfett, 125 g Staubzucker, 1 Ei, 3 Essl. Kakao, 2 Essl.Kaffeesahne.

Aus den Zutaten einen Rührteig herstellen. Diesen auf ein gefettetes Blech streichen. Bei 170 Grad etwa 20 Minuten backen. Nach dem Erkalten einen Schokoladenguss über den Kuchen geben.

Wos mach mer:
Back mer oder frass' mer ne Taag esu?
*
Fraa, hul emol dan Wasserkrug,
wos nützt dos schlachte Laabn.
*
Wenn ich bluß vun meiner Kuh ne Mogn hätt,
sat gener, wie er of dr Kindtaaf dra dr Tafel soß.
Volksmund

Lauterbacher Kirmeskuchn
Lauterbacher Kirmeskuchen

Für den Hefeteig: 400 g Mehl, 40 g Hefe, 100 g Zucker, 100 g Butter, eine Prise Salz.
Für den Belag: 1 kg Quark, 1 Päckchen Vanillepudding, 1 abgeriebene Zitrone, 2 Eier, 125 g Rosinen, 100 g gehobelte Mandeln, 250 g Zucker, 150 g Butter, eine Prise Salz.
Für die Streusel: 200 g Mehl, 100 g Zucker, 100 g Butter, eine Prise Salz.

Aus den angegebenen Zutaten einen Hefeteig herstellen und auf ein gefettetes Backblech ausrollen. Aus den anderen Zutaten eine Quarkmasse für den Belag bereiten und auf dem Kuchenteig gleichmäßig verteilen. Aus dem Mehl, dem Zucker, der Butter und einer Prise Salz Streusel herstellen und als Abschluss auf den Kuchen geben. Bei guter Mittelhitze 40 bis 50 Minuten backen. - Ein vorzüglicher Kuchen, den die Kirmesgäste nicht verachten werden.

Aarzgebirgischer Zwiebelkuchn
Erzgebirgischer Zwiebelkuchen

500 g Mehl, 80 g Butterschmalz, 1,5 kg Zwiebeln, 1 Tasse Milch, 1 Tasse saure Sahne, 4 Eier, 150 g Speck, 40 g Hefe, 1 Teel. Salz, Kümmel, Fett.

Aus Mehl, Butterschmalz, Milch, Hefe und Salz einen Teig bereiten. Die geschälten Zwiebeln in dünne Scheiben schneiden. Den feingewürfelten Speck in einer Pfanne ausbraten, die Zwiebelringe dazugeben und glasig dünsten. Den Teig ausrollen und damit ein gefettetes, bemehltes Backblech auslegen. In der Sahne die Eier verquirlen, mit Salz und Kümmel abschmecken und über die Zwiebelmasse geben. Das Ganze unter einem Tuch an einem warmen Ort 15 Minuten gehen lassen, danach im vorgeheizten Backofen bei mittlerer Hitze 45 - 50 Minuten backen.

E Kuchn un e neies Braat
sei ball zerschnieten.
Redensart

Königskuchen

500 g Mehl, 250 g Butter, 200 g Zucker, 80 g Rosinen, 50 g gehackte Mandeln, 4 Eier, ein Päckchen Vanillezucker, 50 g Kartoffelmehl, 50 g fein gehacktes Zitronat, abgeriebene Zitronenschale, 1 Päckchen Backpulver, 2 Essl. Milch, 2 Essl. Rum, Staubzucker, etwas Salz.

Die weich gehaltene Butter mit dem Zucker, Vanillezucker, etwas Salz, dem Eigelb und der Zitronenschale schaumig rühren. Mehl, Kartoffelmehl und Backpulver vermischen, dann die Milch hinzugeben. Alles der schaumigen Masse langsam zufügen. Die im heißen Wasser gebrühten Rosinen abtropfen lassen und mit den Mandeln und dem Zitronat in den Teig rühren. Das Eiweiß steif schlagen und unterziehen. Den Teig in eine gefettete Kastenform geben und bei mittlerer Hitze etwa 60 Minuten goldgelb backen. Den fertigen Kuchen mit Puderzucker bestreuen.

Rhabarberkuchn

Rhababerkuchen

600 – 800 g Rhabarber, 125 g Butter, 3 Eier, 300 g Zucker, 1 Päckchen Backpulver, 200 g Mehl, 1 Tasse Milch, 1/4 l saure Sahne, 1 Zitrone, 1 Prise Salz.

Den Rhabarber waschen, putzen in kleine Stücke schneiden und leicht dünsten. Der schaumig geschlagenen Butter die Hälfte vom Zucker und Eidotter allmählich unterrühren. Mehl, Backpulver und Salz mischen und löffelweise unterheben. Unter Zugabe von Milch und der abgeriebenen Zitronenschale alles zu einem glatten Teig verarbeiten. In eine gefettete Backform geben und die Rhabarberwürfel gleichmäßig darauf verteilen. Im vorgeheizten Backofen den Kuchen bei mittlerer Hitze 30 Minuten backen. Das zurückgehaltene Eiweiß mit dem restlichen Zucker, der sauren Sahne, etwas Zitronensaft und Salz steif schlagen und auf dem vorgebackenen Rhabarberkuchen gleichmäßig verteilen. Danach nochmals 10 – 15 Minuten goldgelb backen. – Rhabarberkuchen ist ein wohlschmeckendes Gebäck auf der Kaffeetafel.

Quarkstollen

250 g Speisequark, 375 g Weizenmehl, 125 g Kartoffelmehl, 5 Eier, 250 g Margarine, 250 g Zucker, 1 Päckchen Vanillezucker, Saft von 1 Zitrone, 1 Prise Salz, 1 Päckchen Backpulver, 100 g Zitronat, 100 g Rosinen, 125 g süße Mandeln, 1 Essl. Weinbrand, Semmelbrösel, Puderzucker zum Bestreuen.

Die Eier mit der Margarine und dem Zucker schaumig schlagen und mit dem Quark verrühren. Vanillezucker, Zitronensaft und Salz zufügen. Mehl, Kartoffelmehl und Backpulver darüber streuen und untermengen. Nun das Zitronat, die Rosinen und die geriebenen süßen Mandeln unter den Teig rühren. Mit Weinbrand abschmecken. 1 große Kastenform mit Öl ausstreichen, mit Semmelbröseln ausstreuen. Den Teig einfüllen und bei etwa 180 Grad 70 - 80 Minuten backen. Nach dem Erkalten mit Puderzucker bestreuen.

Klippelspitzen
Klöppelspitzen

50 g Butter, 50 g feinen Zucker, 100 g Mehl, ½ Päckchen Backpulver, 50 g gehackte Mandeln, 1 Messerspitze Zimt.

Die weiche Butter, den leicht gebräunten Zucker mit den übrigen Zutaten verrühren. Ein Backblech mit Backpapier auslegen und darauf kleine Häufchen setzen. In der auf 180 Grad vorgeheizten Backröhre etwa 10 Minuten lang backen. Die Kekse mit dem Papier vom Backblech heben und darauf abkühlen lassen. Dann erst abnehmen, sonst brechen sie.

Weckmannle
Weckmännlein

250 g Mehl, ½ Päckchen Trockenhefe, 1 Tasse Milch, 50 g Zucker, 50 g Butter, 1 Eigelb, Rosinen, etwas Salz.

Aus Mehl, Milch, Salz und Hefe einen Teig herstellen. 30 Minuten zugedeckt gehen lassen, dann die anderen Zutaten beifügen. Einen Teig bereiten. Daraus flache, ovale Körper formen, wo Kopf, Arme und Beine abgebogen werden sollen, einschneiden. Männlein formen. Nochmals gehen lassen, dann mit Eigelb bestreichen und mit den gewaschenen Rosinen Augen, Mund und Nase andeuten. Die Weckmannle etwa 15 Minuten bei guter Mittelhitze backen. – Das Gebäck isst man statt Brötchen.

Fosendstückle
Fastnachtsküchlein

*500 g Mehl, 250 g Schmalz, 40 g Hefe,
50 g Zucker, 50 g Butter, 2 Eier, 1 Tasse Milch,
1 Teel. Salz.*

Die Hefe, den Zucker mit etwas lauwarmer Milch verrühren. In die Mitte des Mehls eine Kuhle drücken, darin aus einem Teil des Mehls mit der Hefemischung einen dickflüssigen Vorteig bereiten. Nachdem man ihn mit etwas Mehl leicht bestäubte, stellt man ihn zugedeckt etwa 1/2 Stunde an einen warmen Ort. Danach gibt man Zucker, Salz und lauwarme Milch dazu und verrührt alles. Eier, zerlassene Butter und soviel Milch dazugeben, dass ein geschmeidiger Teig entsteht, den man so lange rührt, bis er Blasen schlägt und sich vom Löffel löst. Den Teig nochmals 1/2 Stunde gehen lassen. Dann rollt man ihn etwa fingerdick aus, schneidet Vierecke daraus und bäckt sie kurz im heißen Schmalz, bis sie goldbraun sind.

Do reck ich menn Spieß ei
übern Herrn senn Tisch nei.
Steck er mir e Kräppel na,
is'r e feiner Ma.
Is'r oder e garscht'ger Ma,
steckt'r mer e Drackel na.
Heischespruch zu Fastnacht

Würziges Osterbrot

500 g Mehl, 150 g Zwiebeln, 75 g Margarine, 40 g Hefe, ¼ l Wasser, 1 Ei, etwas Salz, Pfeffer, Zucker.

Die gewürfelten Zwiebeln in der Margarine glasig dünsten, mit Salz und Pfeffer würzen und abkühlen lassen. Hefe mit Zucker und lauwarmem Wasser verrühren und gehen lassen. Danach das Mehl mit Salz, der Hefe, den Zwiebeln und dem Ei zu einem Teig verkneten und, mit einem Tuch bedeckt, an einem warmen Ort gehen lassen. Den Teig nochmals durchkneten, ein längliches oder rundes Brot daraus formen und auf ein gefettetes Backblech geben. Nochmals kurz gehen lassen, das Brot mit dem Messerrücken kreuzweise einkerben und mit Wasser bepinseln. Im vorgeheizten Backofen bei mittlerer Hitze etwa 45 Minuten backen. – Das Brot wird während der Ostertage gegessen.

Usterfloden
Gebackener Fladen

Für den Teig: 500 g Mehl, 40 g Hefe, 60 g Zucker, ¼ l lauwarme Milch, 60 g Butter, 1 Ei, etwas Salz und abgeriebene Zitronenschale.
Für den Belag: 500 g Quark, 2 Eigelb, 100 g Zucker, 100 g Butter, 100 g geriebene Mandeln, 100 g Rosinen, etwas abgeriebene Zitronenschale, einen kleinen Schuss Rum, ⅛ l Sahne.

Alle Zutaten zu einem Teig verkneten und an einem warmen Ort zugedeckt ruhen lassen. Den Quark in einem Sieb abtropfen lassen. Die Eigelb mit dem Zucker sahnig rühren. Dem Quark zufügen und unterrühren. Dann die Mandeln, Rosinen, die zerlassene, abgekühlte Butter, die Zitronenschale, den Rum und die Sahne einrühren. Den Hefeteig nochmals durchkneten, damit eine gefettete Springform auslegen und rings einen Rand hochziehen. Danach mit der Quarkmasse bestreichen und das restliche Eigelb übertropfen. Im vorgeheizten Backofen etwa eine Stunde backen. Nach dem Herausnehmen mit Zucker bestreuen und sofort auftischen.

Schustergunge
Schusterjungen

400 g Roggenmehl, 200 g Weizenmehl, 40 g Hefe, 1/2 Teel. Salz, etwas Zucker.

Das Mehl sieben und mit Salz in einer Schüssel vermischen. Die Hefe zerbröckeln, mit dem Zucker in einer Tasse warmem Wasser auflösen. In einer kleinen Grube des Mehls ein Hefestück anrühren, warm stellen und auf die doppelte Höhe aufgehen lassen. Danach aus allem einen Teig bereiten und zugedeckt nochmals aufgehen lassen. Daraus ein flaches Brot formen. Den Ofen vorheizen. Etwa 20 Minuten backen. In Roggenmehl wälzen und abkühlen lassen. – Zu Schusterjungen isst man Speckfett, Hackepeter, Schiebböcker oder anderen Magerkäse.

Süße Christusbrotle
Osterbrötchen

750 g Mehl, 60 g Hefe, 1 Tasse Milch, 250 g Margarine, 70 g Zucker, 70 g gehackte süße Mandeln, 4 bittere Mandeln oder Bittermandelaroma, 4 Eier, Korinthen oder Sultaninen nach Belieben, abgeriebene Zitronenschale, etwas Salz.

Ein Ei zurückbehalten. Aus allen anderen Zutaten einen herkömmlichen Hefeteig bereiten, den man nach dem Gehen zusammenstößt. Aus $^2/_3$ Teig ein längliches Brot formen und mit dem verquirlten Ei bestreichen. Aus dem übrigen Teig eine dünne Rolle formen, die geflochten oder gedreht auf dem Teig als Zierelement dient. Das Osterbrot im vorgewärmten Backofen bei mittlerer Hitze 45 - 60 Minuten backen. - Das Gebäck kommt am Ostermorgen auf den Tisch.

Natronzöpp
Laugenzöpfe

500 g Mehl, 40 g Hefe, eine Tasse warmes Wasser, grobes Salz.
Für die Natronlauge: 1 l Wasser, 3 Essl. Haushaltnatron.

In die Mitte des durchgesiebten Mehls eine Vertiefung formen, darin die zerbröckelte Hefe geben und unter allmählicher Zugabe des Wassers einen Hefeteig bereiten. 30 Minuten gehen lassen. Diesen zu fingerdicken Rollen formen und daraus Zöpfe flechten. Bei Zimmertemperatur kurze Zeit gehen lassen. Danach 30 Minuten kühl stellen. Das im Wasser gelöste Natron kurz abkochen. In die Lösung das Gebäck eintauchen und anschließend mit dem groben Salz bestreuen. Bei guter Mittelhitze in dem vorgewärmten Backofen goldbraun ausbacken. – Das Gebäck frisch zu Butter oder Marmelade essen; ist es hart geworden, in einer mit Kaffee gefüllten Untertasse einweichen, mit Zucker bestreuen und mit dem Löffel essen. Das Gebäck hält sich nahezu unbegrenzt.

Kümmelbrotle
Kümmelbrötchen

500 g Mehl, 1 Päckchen Backpulver, 250 g Quark, 1 Ei, etwas Salz und Kümmel.

Die Zutaten auf dem Brett oder in einer Schüssel zu einem Teig kneten. In etwa 10 Portionen teilen, zu Brötchen formen und mit dem Messerrücken längs eindrücken. In der vorgeheizten Backröhre bei 175 - 200 Grad etwa 30 Minuten backen. - Die Brötchen werden zu Käse oder mit Butter bestrichen gegessen.

Mannelplatzle
Mandelplätzchen

1 kg Mehl, 400 g Butter, 500 g Zucker, 4 Eier, 2 Essl. Backpulver, 2 Päckchen Vanillezucker, 4 Messerspitzen gemahlene Nelken, 1 Teel. Zimt, 250 g gemahlene Mandeln, 1 Fläschchen Bittermandelaroma, 1 Prise Salz.

Das Mehl mit dem Backpulver mischen. In die Mitte des Mehls eine Vertiefung machen, darin Eier, Zucker und Gewürze zu einem Brei verrühren. Darauf in kleinen Stücken die weich gehaltene Butter und danach die gemahlenen Mandeln geben. Alles zu einem festen Teig kneten. Den Teig 2 - 3 Tage kühl stellen, dann ausrollen, Figuren ausstechen und bei Mittelhitze etwa 15 Minuten backen. - Das ausgekühlte Backwerk in einen Tontopf mit Deckel füllen. So bleibt es mürbe und hält sich lange Zeit.

Butterplätzchen

260 g Mehl, 140 g Butter, 100 g Zucker, etwas Salz, 2 Eigelb, abgeriebene Schale einer Zitrone.

Alle Zutaten werden zu einem glatten Teig verknetet, den man 30 Minuten kühl stellt. Etwa bierdeckeldick auf bemehlter Fläche den Teig ausrollen und mit einem Krugdeckel Scheiben oder mit einer Form verschiedene Figuren ausstechen. Bei etwa 200 Grad Hitze backen. Die Plätzchen danach mit Zuckerglasur und Zuckerstreuseln verzieren. – Gut verschlossen, halten sich die Plätzchen längere Zeit.

Anisplätzle
Anisplätzchen

200 g Mehl, 280 g Puderzucker, 100 g Stärkemehl, 3 Eier, 1 Päckchen Vanillezucker, 2 gestrichene Teel. gemahlener Anis.

Die Eier mit dem Puder- und Vanillezucker zu einer cremigen Masse schlagen. Mehl, Stärkemehl und Anis mischen und unter die Masse rühren. Mit einem Löffel kleine Häufchen abteilen und auf ein vorher gefettetes und mit Mehl bestäubtes Backblech setzen. Das Backwerk über Nacht stehen lassen, damit sich auf ihm ein feines Häutchen bilden kann. Die Plätzchen bei mittlerer Hitze etwa 10 - 15 Minuten backen. Sie sollen durchbacken, aber noch von heller Farbe sein.

Kokosplätzle
Makronen

250 g Zucker, 250 Mandeln, 250 g Kokosraspel, 3 Eiweiß, Backoblaten, etwas Salz.

Das Eiweiß mit einer Prise Salz zu steifem Schnee schlagen, allmählich den Zucker einrühren und die geriebenen Mandeln und Kokosraspel vorsichtig untermengen. Davon kleine Häufchen auf die Oblaten setzen und bei schwacher Hitze 20 Minuten backen.

Weihnachtsplätzle

500 g Mehl, 250 g Butter, 200 g Zucker, 1 Tasse Milch, 2 Eier, 1 Päckchen Backpulver.

Die Butter mit dem Zucker schaumig rühren, nach und nach die gequirlten Eier zufügen, Milch und das gesiebte Mehl, mit Backpulver vermengt, zugeben. Rühren, danach den Teig leicht kneten und ausrollen. Mit einem Glas oder weihnachtlichen Formen, wie Tannenbäume, Glocken, Sterne, Plätzchen ausstechen. Bei mittlerer Ofenhitze 10 Minuten backen.

Fer Gutschmeck-
un fer Labberguschen

Kalter Hund

250 g Kokosfett, 125 Puderzucker, 50 g Kakao, 2 Eier, 2 Pakete Butterkekse.

Das Kokosfett im Topf schmelzen und abkühlen lassen und mit dem Puderzucker, Kakao und den Eiern glattrühren. Eine Kastenform mit Frischhaltefolie auslegen. Nachdem man den Boden dünn mit Masse ausgestrichen hat, abwechselnd eine Schicht Kekse mit der Kakaomasse so schichten, dass ein rechteckiger Kuchen entsteht, den man mit einer Cremeschicht abschließt. Den Kuchen erkalten lassen, danach die Form stürzen und den Kuchen in dünne Scheiben schneiden.

Klaabstaa oder Blombenzieher
Sahnebonbons

100 g Margarine, 3 Tassen Zucker, 1 Essl. Sirup, 1 Essl. Öl, 1 Essl. Wasser, 1 gestrichener Teel. Natron, etwas Salz, einige Tropfen Essig.

Zucker, Sirup, Butter und Wasser unter Umrühren so lange erhitzen, bis sich der Zucker auflöst. Sobald sich die Masse hellbraun färbt, nacheinander Essig und Natron zufügen. Dadurch wallt der Zuckerbrei auf. Ihn nochmals gut umrühren. Auf das bereit stehende Kuchenblech das Öl gleichmäßig verteilen und die Zuckermasse langsam darauf gießen. Sobald sich die Masse etwas abgekühlt hat, kleine Karos schneiden. – In einer luftdichten Büchse aufbewahren.

Türkischer Honig

3 Tassen Zucker, 100 g Honig, 4 Eiweiß, 2 Tassen gemahlene Nüsse oder Mandeln, Backoblaten.

Das Eiweiß zu einem festen Schnee schlagen und dabei allmählich den Zucker zufügen. Den Honig bei mittlerer Hitze verflüssigen und in den Eischnee gießen. Die Schüssel mit der Masse eine halbe Stunde in ein Wasserbad stellen, ab und zu umrühren. Hat sie sich verdickt, herausnehmen und die gemahlenen Nüsse oder Mandeln zufügen. Danach die Masse auf die Backoblaten verteilen und mit Oblaten abdecken. Kalt stellen. Am nächsten Tag daraus Stangen schneiden.

Falsche Sahne

1 Tasse Zucker, 1 Eiweiß, 1 Tasse Apfel- oder Kirschsaft.

Die Zutaten in eine Schüssel geben und mit einem Mixer so lange schlagen, bis die Mischung steif und zur falschen Sahne wird. Sofort auftragen und verzehren. – Die falsche Sahne schmeckt pur oder als Beigabe zu Pudding.

Das ist ein gemarterter Mann,
dessen Weib nichts weiß von der Küche.
Es ist das erste Übel, woraus viele folgen.
Martin Luther

Holundergeist

2 l reife Holunderbeeren, 500 g Zucker, 1 Flasche Doppelkorn, 1 Vanilleschote, etwa 1 l Wasser.

Die Beeren von den Blütenständen trennen, waschen und abtropfen lassen. Im Topf mit Wasser bedeckt aufkochen, danach abseihen. Dem Holundersaft den Zucker und die Vanilleschote zufügen und etwa 1 Stunde köcheln lassen. Nach Abkühlung den Doppelkorn zufügen, in Flaschen abfüllen und einige Wochen stehen lassen. – Holundergeist wirkt schweißtreibend, lindert Husten und Heiserkeit und ist harntreibend.

Schwarze Gohanne
Schwarze Johanne

2 Flaschen Doppelkorn, 3/4 l schwarze Johannisbeeren, 1 l Wasser, 500 g Zucker, etwas Zimtrinde, 2 - 3 Nelken.

Die Johannisbeeren gut waschen, abtropfen lassen und in einem verschließbaren Gefäß mit einer Flasche Doppelkorn übergießen. Verschlossen 2 - 3 Wochen in die Sonne stellen. Das Wasser mit dem Zucker, der Zimtrinde und den Nelken zu Faden kochen. Nach dem Abkühlen mit dem Gemisch und der zweiten Flasche Doppelkorn vermengen. Sauber filtrieren, in Flaschen füllen und verkorken. Kühl stellen und einige Wochen ablagern lassen.

Verzeichnis der Rezepte